W0350965

DIEU GUÉRIT… AUJOURD'HUI

ISBN 2-84024-180-3

© Editions des Béatitudes
Société des Oeuvres Communautaires, mai 2002
Burtin, F - 41600 Nouan-le-Fuzelier
ed.beatitudes@wanadoo.fr
www.editions-beatitudes.fr

Illustrations de couverture :

Guérison © Il est vivant

P. Émiliano Tardif © Annales d'Issoudun

Ars 1985 : Chantal aidée de Philippe Madre vient de se lever et fait ses premiers pas © Feu et Lumière

Philippe Madre

DIEU GUÉRIT... AUJOURD'HUI

Préface de José H. Prado Flores

Éditions des Béatitudes

OUVRAGES DU MÊME AUTEUR

- ÉDITIONS DES BÉATITUDES -

La blessure de la vie, 2001.
L'heure des miracles, 1997.
S'aimer soi-même, 1994.
Heureux les misericordieux, 1992 (épuisé).
L'appel de Dieu, 1991.
Le scandale du mal, 1990.
Vivre et faire vivre,
Fioretti de l'oeuvre de Mère de Miséricorde, 1988.

Dans la collection "PETITS TRAITÉS SPIRITUELS" :

Culture de vie, 2002.
Etre guide spirituel, 2000.
Abba, Père ! – Prières pour la vie, 1999.
La simplicité de cœur, 1998.
Prières pour assemblée, 1997.
Le charisme de connaissance, 1995.
Le charisme de foi, 1995 (épuisé).
Conduits par l'Esprit, 1994.
Prières pour la guérison, 1993.
Aspirez aux charismes, 1992.
Discernement des esprits, 1992.

- ÉDITIONS BREG -

La guérison extraordinaire existe-t-elle,1982.

En hommage au Père Émiliano Tardif,

En action de grâce pour tout ce que son ministère charismatique a donné à l'Église de la part de Dieu.

Préface de José H. Prado FLORES

Dans son encyclique " Evangelii Nuntiandi ", le pape Paul VI écrivait que " l'Église vit pour évangéliser ". C'est pour cela qu'évangéliser n'est pas seulement la tâche principale de l'Église, mais l'unique tâche qui résume son essence et sa vocation dans ce monde.

Cependant, l'évangélisation ne se réduit pas à la communication d'un message mais à l'instauration du Royaume des Cieux dans ce monde, ce qui inclut nécessairement de rendre le Christ Jésus présent dans tous les domaines de la vie humaine.

Saint Luc dans le livre des Actes des Apôtres certifie qu'avec beaucoup de puissance, les Apôtres rendaient témoignage à la résurrection du Seigneur Jésus (Ac 4, 33). On peut évangéliser avec puissance ou malheureusement sans. Qu'est-ce qui fait la différence ?

L'auteur des Actes des Apôtres offre la réponse dans les deux passages que l'on trouve immédiatement avant cette affirmation :

- le miracle de la guérison du boiteux à la Belle Porte du Temple de Jérusalem ;

- la seconde effusion de l'Esprit Saint quand l'Église sollicite la Dynamis (pouvoir de réaliser des prodiges et des miracles) et la Paresia (liberté et conviction) pour évangéliser.

Dans le plan de Dieu, l'annonce de la mort du Seigneur Jésus et la proclamation de sa résurrection sont liées aux signes de puissance qui montrent que le Seigneur Jésus qui est mort pour nous sur la croix, est ressuscité et vivant.

Les signes, prodiges, miracles et guérisons ne sont pas de simples accessoires de l'évangélisation, mais en sont des formes diverses car ils montrent que le Seigneur est ressuscité. Ils ne sont pas non plus facultatifs, ce serait trahir le plan de Dieu que les consisérer comme tels. Encore moins avons-nous le droit de les réduire aux premières années de la vie de l'Église, car les dons de Dieu sont sans repentance.

En certaines occasions, les signes accompagnent la prédication, comme c'est le cas du paralytique que l'on fit passer par le toit de la maison où Jésus disait la Parole (Mc 2, 1-12). A d'autres moments, ils précèdent la prédication et cela donne une plus-value qui rapporte des conversions en grand nombre comme c'est le cas lors de la guérison du paralytique de la Belle Porte, lorsque deux mille personnes se convertirent. Un jour, j'ai entendu le père Émiliano Tardif commenter ce passage en disant : " Pierre, par une seule prédication et une seule guérison a converti deux mille personnes. Nous-mêmes, avec deux mille prédications, nous ne convertissons personne. La différence réside dans la puissance de l'Esprit qui montre que Jésus est vivant. "

Ce livre de Philippe Madre présente précisément cet aspect qui n'a pas toujours été clair dans la prédication de l'Évangile dans notre Église. Comme Pierre le disait dans le Temple de Jérusalem, " pourquoi nous étonner de cela " (Ac 3, 12), puisque ces signes font partie intégrante de l'annonce de l'évangile. Ce qui est étrange, ce n'est pas qu'ils existent, ce qui serait anormal serait qu'ils aient disparu de la tâche d'évangéliser. Il ne s'agit pas non plus de les attribuer à une personne en particulier, parce qu'ils sont l'œuvre de Dieu qui aime ses enfants et qui, parce qu'il les aime, les guérit par son amour.

Dieu guérit... aujourd'hui ses enfants comme signe de son amour, parce que grâce aux plaies de Jésus sur la croix, nous sommes guéris de nos souffrances et de nos maladies. Ils sont donc toujours signes de son amour pour nous, lui qui a donné la plus grande preuve d'amour qui soit, en offrant sa vie pour ceux qu'il aime.

Dieu guérit... aujourd'hui parce que Dieu est amour et que tout ce qu'il fait, il le fait par amour et avec amour. Son amour est thérapeutique : un manque dans ce domaine peut être cause de tant de maladies psychologiques et de maux physiques qui chagrinent l'humanité.

Philippe Madre qui, dans tant de ses écrits, s'est déjà révélé comme maître et dans d'autres comme pasteur, prend aujourd'hui le rôle du témoin et relate une cascade de guérisons que Dieu réalise au milieu de son peuple, pour montrer une fois de plus que Dieu n'a pas changé la méthodologie que Jésus avait dans l'Évangile où il proclamait, enseignait et guérissait.

Pendant vingt ans, j'ai eu la grâce de prêcher sur les cinq continents avec le père Émiliano Tardif à qui Dieu avait offert un don de guérison. Plusieurs fois j'ai entendu le père Émiliano dire que personne n'a le droit de raccourcir l'Évangile, en occultant les guérisons parce qu'elles ne lui plaisent pas. Il ne s'agit pas de cela : qu'elles nous plaisent ou ne nous plaisent pas, elles entrent tout simplement dans le plan de Dieu.

Le monde d'aujourd'hui a besoin plus que jamais de ces signes de l'amour de Dieu. Il souffre déjà tellement qu'il n'est pas besoin de lui prêcher la croix, sinon la puissance de la croix. Ce n'est pas la souffrance qui sauve. Jésus a déjà racheté la souffrance en portant sur lui toutes nos douleurs et toutes nos maladies.

L'Église pour sa part se trouve confrontée à un défi face au monde. Montrer qu'elle a le même pouvoir que son Seigneur et Maître pour annoncer la Bonne Nouvelle et guérir les malades.

Ces pages nous montrent que la puissance de l'Esprit n'a pas diminué dans l'Église et que Jésus-Christ est le même hier, aujourd'hui et toujours et sous toutes les latitudes…

Nous voici devant des pages qui nous montrent que l'Évangile de Notre Seigneur Jésus-Christ continue d'être proclamé dans la puissance de l'Esprit.

José H . Prado Flores
Guadalajara, Mexique, 23 avril 2002

1

Dieu guérirait-il « encore »... ?

Marie-José, profondément émue, se saisit du micro et balbutie plus qu'elle n'annonce, face aux cinq mille paires d'yeux fixés sur elle :
« Je suis venue à cette célébration de prière pour les malades avec beaucoup de peurs. En plus, je suis arrivée en retard. C'était impressionnant de voir tout ce monde chantant les louanges du Seigneur. Vous m'avez vue passer en fauteuil roulant, poussée par mon amie... J'ai vingt-six ans et j'étais totalement paralysée des jambes depuis deux ans, à cause d'une grave chute dans un puits. On a mis une journée à me retrouver... les fourmis avaient commencé de me dévorer et je ne pouvais rien faire. Les médecins m'avaient dit que je ne pourrais plus marcher normalement car la moelle épinière était sectionnée. Et voilà : je suis devant vous, je me tiens debout et je recommence à marcher... »
Marie-José fait quelques pas devant tous, d'abord hésitante. Me tenant à côté d'elle, je l'entends murmurer : « J'ai peur, Seigneur, aide-moi. » Sa marche se fait plus déterminée et elle avance, de plus en plus solide sur ses jambes, inertes quelques minutes plus tôt.
« De quoi avez-vous peur ? »
« ...Je ne sais pas, mais c'est là », répond-elle à mon oreille, des larmes d'émotion dans les yeux.
« Continuez à avancer tout en invoquant le nom de Jésus dans votre cœur, ne faites pas attention à cette foule qui nous entoure... C'est avec Dieu que vous avez rendez-vous aujourd'hui. »
Marie-José, debout, en train de marcher, regarde avec stupéfaction ses jambes qui 'obéissent' à sa volonté de marcher, comme pour s'assurer qu'elle ne rêve pas. Elle fait une centaine de mètres, seule, sans appui ; les gens retiennent leur souffle. Finalement,

elle reprend le micro pour s'exclamer en présence de tous : « Merci au Christ ressuscité ! »
Ce témoignage a été donné le 15 janvier 2001 dans le sud de l'Île de la Réunion, à la fin d'une célébration de prière pour les malades, organisée par le Renouveau Charismatique local. La foule était en liesse ; d'autres personnes vinrent à leur tour donner leur témoignage : guérison physique ou d'ordre psychique, réconciliation, pacification vis-à-vis d'un évènement ancien douloureux, conversion au Christ...
« Un évènement hors du commun, digne des Actes des Apôtres », ont pu commenter les journalistes...

« Hors du commun » ?

... Pas vraiment ! Les guérisons reçues comme fruit d'une prière d'intercession d'un groupe ou d'une foule foisonnent, entre autres dans le Renouveau Charismatique, et ceci en maints pays du monde. Il m'est personnellement donné de voyager fréquemment et de rejoindre ces groupes charismatiques ou ces grands rassemblements de prière, ici ou là, sur les cinq continents, parfois de m'associer à leur prière, voire de l'animer à leur demande. Mon témoignage – en tant que diacre, médecin, et... priant – est qu'il est bien rare de ne constater aucun fruit visible de la prière de guérison, que ces fruits soient immédiats ou qu'ils éclosent un peu plus tard.

Pas toujours aussi 'retentissants' que celui de Marie-José, les témoignages sont cependant nombreux et contribuent manifestement à fortifier la foi en bien des croyants... et à interpeller tant de chercheurs de Dieu, souvent avides de vérités 'individuelles', de 'vérités pour soi' ...mais en fait avides de la Vérité !

Le tout est de bien saisir la notion de guérison, laquelle n'est pas seulement – voire pas d'abord – de style miraculeux, ni même sensationnel. Les guérisons d'ordre plus affectif obtenues de Dieu par la prière de foi dans les groupes ou les grandes assemblées s'avèrent innombrables : quand une angoisse de mort se lève subitement après des années d'impact oppressif, ne peut-on pas parler de guérison ? De même quand un couple marié, au bord de la séparation définitive, se 'tisse à nouveau' plus fortement qu'aux premières heures ou qu'une personne dépendante de la drogue ou de l'alcool se trouve totalement libérée en quelques minutes, ne peut-on pas parler de guérison par la puissance de la prière ?

Les guérisons d'ordre plus spirituel existent tout autant : quand un homme retrouve le chemin de l'Église ou se sent appelé à confesser son péché alors que, profondément révolté, il n'avait pas vu un prêtre depuis vingt ans, ne peut-on oser parler de guérison ? Quand une existence entière, jusque-là plongée dans une détresse ou des ténèbres aux multiples visages, bascule soudainement dans un irrésistible désir de suivre le Christ, ne serait-il pas question de guérison ?

Les exemples se multiplient au gré des histoires humaines visitées sensiblement par la tendresse de Dieu.

La guérison physique, quoiqu'elle ne soit à l'évidence pas la plus importante, demeure celle qui manifeste plus clairement le sens même des guérisons opérées par le Christ en réponse à la prière du chrétien, et le témoignage de Marie-José est là pour nous le faire pressentir. S'il s'affranchit de la notion traditionnelle du miracle, telle qu'on la trouve encore en vigueur à Lourdes par exemple[1], les signes de guérison physique se posant sur des maladies plus ou moins graves s'avèrent beaucoup plus fréquents qu'on ne le supposerait a priori. Pour ma part, j'ai eu l'occasion de vérifier médicalement la guérison réelle (et non pas seulement la rémission) de plusieurs centaines de maladies aux accents de gravité fort variés : depuis les problèmes allergiques pénibles jusqu'aux cancers redoutables, en passant par les paralysies multiformes des membres (ou du corps entier), les cécités, les surdités, les polyarthrites ou les affections cardiaques au sombre pronostic...

Ainsi peut-on affirmer sans démagogie que les Actes des Apôtres se prolongent parmi nous jusqu'à aujourd'hui... tout au moins quant aux phénomènes de guérison.

Un monopole pour le Renouveau Charismatique ?

On objecte parfois que ce genre de manifestation est l'apanage du Renouveau Charismatique dans le monde, histoire d'éluder ce que le

1. Avec ses critères médico-scientifiques et ecclésiastiques rigoureux et spécifiques.

Seigneur de la vie aurait à dire à tous, à travers ces guérisons plus ou moins visibles ou surprenantes. Il est vrai que ces phénomènes se produisent plus volontiers dans le Renouveau, lequel est souvent critiqué pour cet attrait du merveilleux imprégnant parfois – il faut bien le reconnaître ! – la prière charismatique.

Le Renouveau dans l'Esprit n'a jamais souhaité sombrer dans un soi-disant élitisme spirituel où le 'sensationnel' deviendrait son monopole. Bien au contraire, ce Renouveau attire notoirement des pauvres, des malades, des 'blessés de la vie', et ces derniers trouvent dans les groupes de prière une atmosphère d'accueil et de chaleur humaine digne d'un 'second chez-soi'... d'autant plus si le premier 'chez-soi' n'a jamais existé ou qu'il a disparu depuis longtemps. Ainsi, de fait, mais non exclusivement, le Renouveau Charismatique est particulièrement sensible à la dimension de compassion de l'amour de Dieu. Se pencher sur la détresse de l'homme pour lui être proche dans la charité, voilà l'un des traits de la vocation de ce Renouveau pentecostal qui traverse l'Église depuis une trentaine d'années.

Quoi d'étonnant alors s'il se sent concerné par le sort du monde souffrant ? D'autant plus qu'un autre caractère de ce Renouveau est la redécouverte de la prière : prière personnelle et prière commune, spécialement dans l'ordre de la louange. C'est ainsi que l'émergence des charismes aux multiples visages peut se profiler, liée au dynamisme spirituel des chrétiens. Prier pour les malades, avec cette confiance que Dieu peut concrètement intervenir dans leur existence, devient alors possible, voire 'naturel'.

Enfin – et sa dimension de compassion est là pour l'attester – le Renouveau Charismatique se sent une âme missionnaire, ou plus globalement une grâce pour l'évangélisation, pour l'annonce multiforme de la Bonne Nouvelle, et c'est le plus souvent dans ce contexte que se vit la 'prière pour obtenir de Dieu la guérison', telle que la désigne le récent document proposé par la Congrégation pour la Doctrine de la Foi[2].

Telle était la pédagogie du Christ il y a deux mille ans, selon les Évangiles : accomplir des guérisons pour susciter dans les cœurs la soif et la quête de l'amour du Père. Sa 'stratégie' actuelle n'a pas

2. « Instruction sur les prières pour obtenir de Dieu la guérison », publié par le Vatican le 23 novembre 2000.

changé, même si les formes ou les modalités de la guérison divine ont pu évoluer.

Mais cette stratégie d'amour ne se cantonne pas au Renouveau Charismatique ; elle concerne en fait l'Église toute entière, comme le témoignage suivant entend le signifier.

> En mai 1996, j'étais invité par l'Église de Pologne à animer une journée d'enseignement et de prière pour tous les catholiques (et autres croyants, voire non-croyants), à Czestochowa, grand sanctuaire marial connu dans le monde entier, en présence de quelques évêques et d'un nombre important de prêtres. Les gens étaient venus de tout le pays et la foule rassemblée sur l'esplanade ne comptait pas moins de cent cinquante mille personnes. Certes, la participation du Renouveau polonais était effective en cette journée, mais la plupart des gens n'étaient nullement étiquetés 'charismatiques'. C'est l'ensemble du peuple de Dieu, dans la grande diversité de ses sensibilités, qui s'était déplacé pour l'occasion et priait avec ferveur.
>
> Les enseignements portaient sur la guérison de tout l'homme et sur l'appel de Dieu... tant il est vrai que dans la pédagogie de l'amour divin, on ne peut dissocier radicalement ces deux grands mouvements de la grâce. L'attention de la foule était impressionnante, et l'on aurait pu entendre une mouche voler ! J'appris un peu plus tard, par la bouche de plusieurs prêtres, que la plupart des gens présents ce jour-là à Czestochowa, ignoraient que le Christ pouvait concrètement aujourd'hui visiter leur existence, soulager, pacifier, voire guérir les malades et faire sensiblement miséricorde. De même, la plupart n'avaient que très peu conscience d'être porteurs, comme tout baptisé, d'une vocation, signe de la si grande confiance que le Christ voulait leur témoigner.
>
> Lorsqu'à la célébration eucharistique de l'après-midi, ils furent invités à recevoir pour eux personnellement la grâce divine, à laisser se déployer en eux le don de Dieu, le climat de prière et de louange était devenu intense, malgré la densité de la foule dans laquelle les jeunes étaient largement majoritaires. Après la messe, alors qu'il se faisait déjà tard, une prière de guérison fut proposée et nous vécûmes un moment inoubliable. On m'avait demandé de 'prononcer' une prière pour les malades, et je n'eus même pas à parler longuement pour introduire toutes ces personnes dans la confiance en la puissance de Dieu.
>
> À peine avais-je commencé à ouvrir la bouche que des signes de guérison se produisirent 'spontanément' un peu partout, soulevant à chaque fois un enthousiasme et une action de grâce

d'une partie de la foule environnante. Ici, un paraplégique commençait à marcher, et ceux qui l'entouraient, témoins de l'action du Seigneur, chantaient Ses louanges. Là, un aveugle se mettait à voir et la joie se manifestait autour de lui. Ailleurs encore, une personne atteinte d'arthrose handicapante témoignait d'une libération soudaine dans son corps... et autour d'elle jaillissait un chant de louange inspiré... sur des lèvres qui n'étaient pas spécialement 'charismatiques'. Beaucoup se mettaient à genoux, simplement, vivant sur l'instant une grâce de guérison affective ou spirituelle et souhaitant l'accueillir dans une ferveur intérieure renouvelée.

On pouvait ainsi, depuis le podium d'animation surplombant l'esplanade où ces dizaines de milliers d'hommes, de femmes et d'enfants étaient rassemblés, suivre 'à la trace' l'action de l'Esprit Saint. Il suffisait de repérer les multiples lieux de louange, et parfois d'applaudissements (légitimes pour le Seigneur !), au sein de la foule et de se laisser émerveiller par les œuvres de Dieu.

C'est alors que se forma une grande file de personnes venant spontanément au podium donner leur témoignage, pendant que les signes de guérison continuaient d'éclore dans l'assemblée. Là encore, nous vivions, en présence du Dieu Vivant, un évènement digne des Actes des Apôtres. Ce n'était pas le Renouveau Charismatique qui en bénéficiait, mais le peuple de Dieu, ni plus, ni moins.

La prière pour les malades dut finalement être écourtée, car les témoignages étaient trop nombreux, et la nuit – encore froide à cette période – arrivait. La louange de la foule aurait pu se prolonger des heures durant, tant la joie était grande d'avoir ainsi expérimenté la présence du Seigneur ressuscité et la puissance de la prière.

Un petit clin d'œil providentiel me fut adressé récemment, lors d'un passage dans un monastère contemplatif. Une jeune sœur d'origine polonaise, récemment entrée en postulat, me reconnut et me donna brièvement ce témoignage, quelque cinq années après l'évènement :

« J'étais à Czestochowa ce jour-là, avec ma mère. C'est alors que j'ai reçu l'appel à me donner entièrement au Seigneur. Ma mère était atteinte d'une affection cardiaque grave et elle a été totalement guérie en quelques minutes, alors qu'elle ne savait même pas que l'on pouvait aujourd'hui prier pour les malades ! Cela a été un choc pour elle, et pour moi. Je reçois régulièrement des nouvelles de sa part. Cinq ans après, la guérison est confirmée. Béni soit notre Dieu ! »

C'est Jésus qui guérit !

Le P. Tardif a écrit un livre (parmi d'autres) intitulé : « Jésus a fait de moi un témoin. » Nous connaissons sans doute le charisme de guérison authentique et si fécond qu'Émiliano a exercé durant plus de vingt ans sur les cinq continents, à l'appel des églises locales et pour proclamer que Jésus est le Seigneur. On se rappelle les nombreux signes de guérison que le Saint-Esprit opérait chez les malades en maintes assemblées de prière qu'il animait de par le monde. Son 'ministère charismatique', souvent agrémenté du charisme de connaissance[3], était si fructueux que plusieurs ont risqué d'oublier que c'est le Christ – et seulement lui – qui accorde la grâce de la guérison, quelle qu'elle soit, et que celui qui est dépositaire d'un charisme reconnu n'est que simple serviteur de la grâce. Le P. Tardif, quelle que soit la perception qu'il avait de son ministère, évangélisait spécialement par la prière de guérison, tout en refusant la confusion. Son exclamation préférée, en public, face aux foules venues prier, était : « C'est Jésus qui guérit ! »… et il en était persuadé… à juste titre.

Une chose est de (se) rassurer intellectuellement en rappelant ce principe théologique de base, qui présente Dieu comme l'Auteur de la guérison, en réponse à la prière des croyants, une autre est d'expérimenter ce même principe au quotidien de sa vie. Le cœur de l'existence d'Émiliano était habité en permanence par cette sûre évidence, laquelle ne peut que provoquer à l'humilité, ainsi qu'à une grande familiarité dans la prière avec le Christ vivant.

Ainsi Tardif se savait-il témoin – un simple témoin – des œuvres du Seigneur, et c'est pourquoi il pouvait en parler pour évangéliser, pour édifier, pour 'enthousiasmer', pour émerveiller les cœurs vis-à-vis de Dieu. Rien à voir avec une quelconque publicité incitant au recours à une sorte de 'pouvoir personnel de guérison', même venant de Dieu !

Nous avons assez souvent, lui et moi, partagé l'animation d'une célébration de prière pour les malades en divers pays du monde et j'ai appris beaucoup de la part de la miséricorde divine (qui guérit) à travers cette 'collaboration' occasionnelle, toujours enracinée dans une relation de communion mutuelle profonde dans une complémentarité des charismes.

3. …sur lequel nous reviendrons ultérieurement.

En février 1985, nous étions invités tous deux à un grand rassemblement charismatique, à Montréal, au Canada. Ce dernier avait lieu dans un stade de hockey sur glace pouvant contenir vingt mille personnes. Détail original : le podium d'animation avait été monté sur la glace elle-même, et durant les quatre heures qu'a duré la prière de guérison, la froideur du sol contrastait avec la chaleur (dans tous les sens du terme) de l'ambiance priante de cette assemblée. Pourtant, l'esprit de prière avait eu du mal à jaillir, comme si d'invisibles chapes de plomb couvraient la foule. Mais à la première parole de connaissance immédiate confirmée – il s'agissait d'une femme de trente-cinq ans qui avait une maladie handicapante de la peau, un psoriasis important – les 'écluses du ciel' ont commencé à s'ouvrir. Cette femme fut guérie en quelques minutes et son témoignage donné immédiatement devant la foule, dont l'apparente léthargie vola en éclat pour rendre grâce au Seigneur et devenir attentive aux dons que la miséricorde de Dieu déversait sur un grand nombre.

Une demi-heure plus tard, le souffle de l'Esprit était si 'palpable' au sein de cette assemblée, que nous avions l'impression, Émiliano et moi-même, d'être exaucés, quoi que nous demandions. J'ai bien conscience qu'une telle analyse pourrait prêter à confusion, comme si nous avions en quelque sorte prise sur la volonté divine. Ceci relèverait bien sûr d'une illusion et d'un orgueil regrettables. Toutefois, il nous faut reconnaître que c'est bien ainsi que nous l'avons vécu sur l'instant, mais prenant progressivement conscience qu'à l'inverse, c'était l'Esprit Saint qui inspirait à notre cœur, sur l'instant, ce qu'il convenait de demander à Dieu. C'est sans doute l'une des plus belles expériences de docilité à l'Esprit qu'il nous a été donné de vivre, quant à la prière de guérison.

À un certain moment, Émiliano me glisse à l'oreille : « J'ai la forte conviction que le Seigneur veut guérir des personnes paralysées d'une jambe. »

« J'ai cette même conviction. » lui ai-je répondu.

« C'est bien du côté droit, n'est-ce pas ? »

« Je crois, quant à moi, que c'est du côté gauche ! »

Nous connaissions les méandres délicats de l'expression du charisme de connaissance, qu'il convient d'exercer avec prudence et discernement. Vu le climat si priant de la foule massée dans les gradins (et peu sensible au sol glacé du stadium), nous avons prié pour les personnes (que nous ne voyions pas) atteintes de paralysie d'une jambe, sans préciser le côté, ou plutôt en nous attendant à ce que le Seigneur touche des malades paralysés, soit à droite, soit à gauche.

En cinq minutes, une vingtaine d'hommes et de femmes s'avançaient vers le podium, marchant normalement, pour témoigner de leur guérison quasi soudaine. Certains amenaient jusque vers l'autel, en signe d'action de grâce, leur béquille ou leur canne, devenue inutile... Lorsque nous avons dressé un petit bilan, nous avons découvert avec amusement que dix étaient guéris de la jambe droite, et dix de la jambe gauche. Dieu a le sens de l'humour, jusque dans l'expression des charismes !

J'aimerais me situer dans cet ouvrage comme le P. Tardif souhaitait le faire dans le sien : se constituer témoin des merveilles de guérison du Seigneur, à travers de nombreuses et véridiques histoires d'intervention concrète de Dieu dans une vie, dans une existence minée par une forme ou une autre de souffrance. J'ai moi-même recueilli ces faits, à l'occasion de bien des rassemblements de prière pour les malades, de retraites spirituelles ou de rencontres personnelles, comportant un temps de prière de foi. Il s'agit ici d'affirmer et de témoigner – avec le P. Tardif – que : « C'est Jésus seul qui guérit »... et plus encore que : « Jésus guérit – ou veut 'guérir encore' – aujourd'hui ! »

Je ne souhaite pas ici me livrer à un discours théorique sur la grâce de guérison. Mon seul but est de redonner confiance en la puissance de la prière, à la condition que celle-ci soit 'juste', authentique et repose sur un appel réel de l'Esprit Saint, lequel souhaite se faire acteur en nos vies de la miséricorde divine.

Mon langage se voudra simple et proche de l'expérience concrète plutôt que des formulations et réflexions théologiques cependant nécessaires... mais pas ici ! Certains esprits trop analytiques ou sceptiques le trouveront peut-être simpliste, mais ce livre n'est pas écrit pour faire évoluer 'la métaphysique de la thérapie par le sacré'. Il est proposé pour susciter l'espérance en la possible guérison, mais surtout en la vraie puissance de la prière, au risque que certains esprits très analytiques le jugent léger...

Aujourd'hui, on ose trop peu prier le Seigneur avec foi en faveur des malades, car on ignore trop souvent le simple langage d'une intercession confiante et l'on se perd dans des formulations imprécatoires, inquiètes ou inutilement répétitives.

Par ailleurs, l'histoire d'une guérison opérée par l'amour du Christ, n'est pas qu'une expérience de la miséricorde de Dieu envers un souffrant. Elle est aussi un possible trait de lumière accordé par le Seigneur afin de nous éduquer et nous introduire davantage dans le mystère de son amour salvifique.

Tardif m'a confié à plusieurs reprises : « C'est bien de prier avec toi, car tu es médecin et tu peux expliquer plus clairement les choses pour que les témoignages soient mieux compris et accueillis. Car dans le domaine de la guérison, c'est surtout par le témoignage que l'on évangélise. » Je ne sais s'il avait entièrement raison, et à dire vrai, cela semble d'abord regarder le Bon Dieu. Mais il est sûr que nous nous posons bien des questions sur ce Dieu qui guérit certains et pas d'autres, sur son amour qui paraît se concilier avec la souffrance, sur la difficulté à le trouver dans la prière, ou sur celle à trouver la 'bonne' prière. La guérison demeurera toujours l'une des facettes du mystère de la Charité divine pour les hommes, certes ; mais il n'empêche que les témoignages illustrent souvent à merveille des réponses que nous cherchons légitimement et auxquelles notre intellect ne peut accéder par ses propres moyens. Ils sont comme des paraboles d'une authentique prière de guérison et peuvent nous enseigner avantageusement. D'où les quelques commentaires que je me permettrai de prodiguer à partir de ces récits véridiques et confirmés (même médicalement pour ceux qui en auraient besoin).

Si nombreuses sont les questions que l'on se pose... à tort ou à raison.

Laissons-nous instruire par ces fioretti de guérison et – qui sait ? – peut-être pourrons-nous accueillir plus aisément, plus 'filialement', l'amour d'un Père qui guérit et le manifeste à travers son Fils, Jésus le Christ ressuscité, dans la puissance du Saint-Esprit.

2

A-t-on le « droit » d'encourager à espérer la guérison ?

« Est-il permis de prier pour les malades ? »
« A-t-on le droit d'attendre une guérison ? »
« Peut-on faire espérer une guérison, alors que tous ne sont pas guéris ? »
« L'Église autorise-t-elle la prière de guérison ? »

« Les sacrements ne suffisent-ils pas ? »

Tant d'interrogations habitent ou même tourmentent le cœur des chrétiens, spécialement catholiques, interrogations qui – reconnaissons-le – les prédisposent peu à entrer dans une saine compréhension de la grâce de Dieu en ce domaine.

Sur ce sujet, comme sur bien d'autres, il est beaucoup moins question de droit et d'interdit, que de prudence et de discernement. Si l'on n'a pas encore compris que notre Dieu est Père, et que, comme tel, il souhaite éduquer ses enfants que nous sommes à prier au mieux (pour les malades comme pour toute autre intention), et que cette éducation passe d'abord par l'Église dans le rôle maternel qui est sien, on a du mal à se comporter justement comme un enfant de Dieu, et notre prière se charge de schémas, de préjugés, de peurs, d'indécision, de scepticisme…

La guérison par la puissance du Christ ressuscité demeurera toujours une sorte de mystère et l'on ne pourra jamais la mettre en équation avec les efforts de l'homme pour l'obtenir. Mais qui dit mystère ne signifie nullement : interdiction d'essayer de comprendre. Le Seigneur souhaite nous introduire au moins un peu en ce mystère, à la mesure de notre docilité à accueillir ses grâces... et le constat honnête que nous avons tout à apprendre.

On ne peut, ni ne doit rester autodidacte dans la prière de guérison. L'Esprit et l'Église sont là pour nous éduquer à prier comme il convient pour chacun, c'est-à-dire d'une manière très personnelle, mais cependant ancrée dans les repères que le discernement de l'Église nous fournit gratuitement, sans intention d'éteindre les charismes.

> Un jour, dans une assemblée de prière interconfessionnelle, j'étais aux côtés d'un jeune pasteur évangélique, manifestement fougueux pour la cause du Dieu de Jésus-Christ. Il m'avait invité à prêcher avec lui pour une soirée œcuménique d'évangélisation. Arrive une femme sur une civière, amenée par deux infirmiers, et dont il était malheureusement clair que la maladie allait bientôt l'emporter. Elle nous fait signe discrètement et nous signifie qu'elle souhaiterait que nous priions pour elle. Passionné, le jeune pasteur lui répond péremptoirement :
> « Nous allons prier pour vous maintenant et le Seigneur va vous guérir. »
> Son enthousiasme quelque peu autoritariste voilait sans doute la disposition de foi que cette femme portait en elle depuis le début de sa maladie. Elle lui répondit doucement, dans un pâle sourire :
> « Je ne vous demande pas de prier pour ma guérison. Je pense que le Seigneur peut me guérir effectivement, si c'était sa volonté. Mais cette volonté, il me semble qu'il me l'a mise au cœur depuis quelques mois, et elle me laisse dans une paix profonde. Je ne souhaite pas la guérison ; je veux rester auprès de Lui, même si c'est à travers une souffrance que je n'ai pas cherchée. Je l'ai vraiment rencontré dans cette souffrance, et je veux l'aimer dans cette souffrance... s'il vous plaît, priez pour que j'aie la force de ne jamais me révolter. »
> Le jeune pasteur resta sans voix... Ce témoignage imprévu le bouleversait en son être le plus profond, et bouleversait également toute sa théologie de la souffrance. Il y avait un tel accent de sincérité dans les propos de cette femme qu'il n'argumenta pas et m'invita à prier avec lui, en silence. Une grande paix nous envahit tous les trois. La vérité a parfois des accents bien mystérieux, qui nous entrouvrent fugitivement une porte céleste...

Une « Instruction » pour la prière de guérison

Pour tenter une réponse à ces nombreux 'pourquoi' du cœur de l'homme, face à la possible puissance de la prière pour les malades, l'Église a publié récemment une « Instruction sur les prières pour obtenir de Dieu la guérison ». L'accueil fait à ce document s'est avéré mitigé, y compris au sein du Renouveau Charismatique. Certains redoutaient une volonté de 'mise sous contrôle', par le Vatican, de la prière de guérison, avec le risque sérieux de figer une certaine souplesse de la vie dans l'Esprit. D'autres y voyaient plus volontiers une sorte de désaveu de l'autorité ecclésiastique vis-à-vis de la prière pour les malades et de l'accueil des charismes de guérison. D'autres encore entrevoyaient à tort une 'récupération du Vatican' concernant les phénomènes de guérison, oubliant que ce document avait été demandé par les responsables internationaux du Renouveau Charismatique.

Personnellement, et avec beaucoup d'autres, je me suis réjoui à la parution de ce document et je tiens à rendre hommage à cette Instruction, à remercier l'Église pour ce texte qui est finalement très éducatif et encourageant quant à la prière de guérison. Il n'enferme pas l'Esprit, mais favorise la manifestation visible de la puissance de Dieu selon les itinéraires et les grâces propres de chacun. Certes, le style littéraire du document peut manquer de lyrisme et ne cultive pas cet 'élan émotionnel ou allégorique', que maintes sensibilités spirituelles affectionnent. Mais il ne s'agit pas d'un recueil de poésies sur l'amour de Dieu qui guérit l'homme malade. Nous recevons là un texte de base susceptible de bien éclairer les consciences chrétiennes sur les questions de la puissance de guérison par la prière.

L'opportunité actuelle d'une telle instruction est exprimée clairement dans l'introduction, après le rappel que la prière implorant le rétablissement de la santé est une expérience présente à chaque époque de l'Église :

« Ce qui cependant constitue à certains égards un phénomène nouveau, c'est la multiplication des réunions de prière, parfois liées à des célébrations liturgiques, visant à obtenir de Dieu la guérison. Dans de nombreux cas, (...) on proclame que des guérisons ont eu lieu (...). Dans un tel contexte, on évoque parfois un prétendu charisme de guérison. » (Introduction, paragraphe 2)

Le constat est réaliste et soulève une légitime inquiétude. Toutes ces réunions sont-elles vécues selon l'Esprit de Vérité ? La prière qui les sous-tend est-elle vraiment enracinée dans la foi chrétienne ? Les soi-disant charismes mis en œuvre sont-ils bien discernés, bien accueillis et reconnus, bien pratiqués ? La quête de merveilleux ou de sensationnel que beaucoup poursuivent durant une prière de guérison est-elle bien 'gérée' ? Les intervenants utilisent-ils plus un impact psychologique qu'une authentique sollicitation de la grâce pour animer ces temps de prière pour les malades ? Les fruits qui en émanent sont-ils illusion, fausse rumeur, témoignage véridique, signes de guérisons fiables ? Y a-t-il manipulation consciente ou non d'une liberté humaine, rendue plus vulnérable du fait d'une souffrance trop grande ? La prudence qui consiste à ne pas mélanger les genres (prier publiquement pour la guérison et pour la libération, par exemple), ou encore à ne pas favoriser une effervescence excessive et ostentatoire de groupe est-elle respectée ? La prière de guérison insérée dans une célébration liturgique n'éloigne-t-elle pas de l'essentiel, qui est le sens même de cette liturgie ?

Les interrogations pastorales s'avèrent multiples (et je n'en ai cité que quelques-unes) et doivent être acceptées comme objet de préoccupation d'une autorité ecclésiastique... d'où l'opportunité de cette Instruction, qu'il ne faut jamais prendre comme un désaveu ou un frein-quant-à-la-prière-pour-les-malades de la part de l'autorité de l'Église. Bien sûr, nous sommes souvent favorables et attentifs à la prière de guérison, et les occasions où nous sommes amenés à la vivre, ponctuellement ou plus régulièrement, semblent au-delà de tout reproche sérieux. Et c'est sans doute la vérité.

Mais il ne faut pas se voiler les yeux ! Là où la grâce de Dieu agit (ou voudrait agir), le Malin se trouve aisément là pour brouiller les cartes. C'est ainsi que maints endroits dans le monde vivent, par ignorance ou aveuglement, des temps de prière pour obtenir la guérison, collectifs ou individuels, selon des pratiques troublantes, déviantes par rapport à la foi, et finalement de moins en moins évangéliques. De tels comportements constituent parfois de graves contre-témoignages et c'est le sens même de la guérison qui s'en trouve falsifié.

Le magistère sait bien tout cela. Chargé par le Christ d'une double fonction, celle d'encourager dans la vérité et celle de discerner l'erreur, il a charge de veiller au bon développement de ce qui vient de Dieu, et de mettre en garde contre ce qui en éloigne.

Lors d'un premier voyage au Québec, en 1981, où l'on m'avait demandé plusieurs séminaires de formation sur la guérison intérieure, je rencontrais le P. X..., lequel dirigeait alors, avec le concours d'une équipe de collaborateurs chrétiens, une maison d'accueil en vue d'une prise en charge thérapeutique spirituelle pour des personnes souffrant de troubles affectifs divers. De plus, chaque mardi de la semaine, une grande prière charismatique pour les malades était proposée, au cours de l'Eucharistie. Une telle présentation d'un projet d'accueil spirituel de guérison ne peut qu'entraîner l'adhésion, et c'est donc avec confiance que j'y passai quelques jours. Mais je dus déchanter rapidement...
La prière pour les malades du mardi se pratiquait tout au long de la célébration eucharistique, par intermittence, même dans les moments les plus sacrés comme celui de la consécration. Même certaines parties du canon de la messe étaient supprimées pour 'prier plus' pour les malades ! Une personne discrètement interviewée à la fin confiait tranquillement : « Je n'ai rien à faire de ce que le prêtre fait derrière son autel, mais il paraît qu'il fait de la magie religieuse et je voudrais qu'il m'aide à gagner de l'argent, parce que j'en ai besoin. » Et cette confidence n'était pas unique en son genre...
De plus, je remarquai combien une certaine manière de prier pour les personnes accueillies au long de la semaine, manière pompeusement appelée 'christothérapeutique', reposait sur une falsification du message de l'Évangile et une approche de l'homme fondée davantage sur une 'psychologie' exaltant la libération des pulsions affectives, que sur la foi.
Lorsque je retournai au Québec, une année plus tard, cette maison d'accueil avait été contrainte de fermer car les membres de l'équipe s'étaient dressés les uns contre les autres, plusieurs personnes accueillies avaient déposé plainte pour manipulation affective ou financière, et le prêtre responsable ne pouvait plus exercer de ministère sacerdotal ! L'exemple est douloureux et il me coûte d'en parler ainsi. Je n'ai d'ailleurs pas à juger de la moralité des personnes, mais on ne peut que déplorer ce contre-témoignage, qui fit grand tort à l'Église locale ainsi qu'à un authentique ministère de guérison.

La grâce de Dieu est toujours agissante, mais bien des égarements humains contribuent à en falsifier les fruits ou les modalités d'expression. La prière de guérison, pour des raisons qu'il serait fastidieux d'évoquer ici (mais que l'on peut aisément pressentir), est sans doute – parmi toutes les formes de prière au service du peuple de Dieu – celle qui nous laisse le plus vulnérable, le plus exposé à bien des tentations dont la finalité est de faire échouer l'œuvre de miséricorde de notre Dieu par des pratiques s'éloignant de l'esprit de l'Évangile et de la sagesse de l'Église, ainsi que par des fruits secondaires pitoyables, voire scandaleux, véritables contre-témoignages de l'amour du Christ ressuscité.

De même il est des lieux, en bien des pays, où l'on parle de charisme de guérison de manière excessive, trop rapide et sans discernement. On n'improvise jamais son propre charisme de guérison, personnel ou collectif (comme le remarquera l'Instruction). Décerner l'étiquette 'charisme', spécialement dans le domaine de la guérison, s'avère lourd de conséquences à bien des niveaux, tant pour celui qui aurait à le mettre en pratique que vis-à-vis des manières de vivre la prière de guérison. Ce n'est pas parce que l'on prie pour les malades (même avec un 'possible résultat') que l'on est porteur d'un charisme de guérison. Trop de chrétiens, issus ou non du Renouveau Charismatique l'ignorent et se laissent emporter par un courant d'opinion spirituelle ouvert à la superstition.

On comprend la responsabilité de l'autorité ecclésiastique, laquelle – dans l'ordre de sa fonction pastorale – pose LA bonne question : celle du discernement. Sur cette base incontournable, elle instruit les chrétiens dans le but de reconnaître, d'encourager, de promouvoir une croissance dans l'authentique prière pour les malades.

S'il est vrai que la seconde partie de l'Instruction sur les prières pour obtenir de Dieu la guérison propose un certain nombre de 'dispositions disciplinaires' (dont je laisse au lecteur l'étude attentive), la première partie – de loin la plus abondante – s'arrête à des aspects doctrinaux essentiels pour une bonne compréhension de la 'dynamique de guérison dans le Christ'. Ces derniers, loin de déconseiller le recours à la prière pour les malades, nous rappellent combien le fait de se tourner vers le Seigneur au moment de la souffrance, pour recevoir aide et soulagement, est pleinement légitime pour le croyant. De plus, les quelques grands axes de réflexion qu'ils nous proposent s'avèrent extrêmement enrichissants pour notre 'intelligence spirituelle'. J'en soulignerai volontiers quelques-uns.

Le « Jésus médecin » des Évangiles

« Dans la vie publique de Jésus, les contacts avec les malades ne sont pas sporadiques, ils sont même continus. Il en guérit beaucoup de façon extraordinaire, au point que les guérisons miraculeuses caractérisent son activité : *"Jésus parcourait toutes les villes et les villages, enseignant dans leurs synagogues, proclamant la Bonne Nouvelle du Royaume et guérissant toute maladie et toute langueur."* (Mt 9, 35) Les guérisons sont des signes de sa mission messianique. Elles manifestent la victoire du règne de Dieu sur toutes sortes de mal et deviennent symboles de la guérison de l'homme tout entier. » (chapitre I, paragraphe 5)

Ainsi, Jésus trouve bon et 'logique' (d'une logique toute divine) d'opérer de nombreuses guérisons dans un cadre précis : celui de l'annonce de la Bonne Nouvelle. Jésus, 'premier évangélisateur du Royaume de Dieu', n'accomplit pas ses prodiges 'au hasard d'un chemin' ou en ne se préoccupant que d'une maladie sans voir la personne malade (et ses véritables besoins). Il manifeste ainsi concrètement les prémices d'un salut, d'une santé retrouvée de tout l'homme et de toute l'humanité. Les guérisons – qui caractérisent son activité – sont intégrées comme signes dans l'accomplissement de sa mission messianique : annoncer que le règne de Dieu est là… enfin !

Il nous est peut-être bon de rappeler que l'Église continue aujourd'hui cette mission…

« La victoire messianique sur la maladie et sur les autres souffrances humaines n'advient pas seulement par leur élimination avec des guérisons miraculeuses, mais aussi par la souffrance volontaire et innocente dans la Passion du Christ qui donne à chaque homme la possibilité de s'y associer. (…) "Dans la croix du Christ, non seulement la Rédemption est accomplie par la souffrance, mais de plus la souffrance humaine elle-même a été rachetée. (…) Tout homme peut donc dans sa souffrance participer à la souffrance rédemptrice du Christ." » (chapitre I, paragraphe 6)

Dans le cadre de cette mission messianique accomplie par le Christ jusque dans sa mort et sa résurrection, nous pouvons mieux saisir la question de la souffrance comme moyen de rédemption – et donc de guérison de tout l'homme – choisi par Jésus. Mais il est vrai que, si Jésus n'est pas venu expliquer la souffrance humaine, il lui a cependant offert une 'noblesse' et une puissance qu'elle n'avait aucunement par elle-même : celle de pouvoir être vécue 'à sa suite', comme instrument de guérison de l'humanité pécheresse. La maladie, comme d'autres épreuves de l'existence humaine, peut être vécue – mais seulement par grâce de Dieu et dans la foi – comme un 'prolongement de la souffrance du Christ' en une vie toute simple. Mais en dehors de cette perspective de foi, la souffrance demeure un scandale pour l'homme... et peut-être pour Dieu ! Ainsi sommes-nous sensibilisés sur le lien mystérieux existant entre souffrance et guérison... De quoi nous faire réfléchir sur le 'comment Dieu guérit en sa sagesse ?', ainsi que sur la notion de volonté divine à l'égard de celui qui souffre.

« L'acceptation de la volonté de Dieu étant acquise, le désir du malade d'obtenir la guérison est une chose bonne et profondément humaine, surtout quand elle se traduit par la prière confiante adressée à Dieu. » (chapitre II, paragraphe 1)

Il ne faudrait pas mal entendre cette notion d'acceptation de la volonté de Dieu comme condition préalable à toute guérison (ce qui éliminerait tous les malades non-croyants ou mal-croyants de la possibilité d'être guéris par le Seigneur). Il convient bien plutôt de réaliser que, dans toute souffrance humaine, coexiste une sorte de volonté divine, c'est-à-dire d'espérance que Dieu nous fait quant à l'accueil de sa grâce, quelle qu'en soit la forme, pour le bien de tout l'homme. Ainsi, sans que nous puissions en saisir le pourquoi, le Seigneur en guérit-il certains (plus fréquemment qu'on ne le suppose), et invite d'autres à vivre une situation d'épreuve, mais dans une dimension renouvelée, celle d'une souffrance féconde et vivifiante pour autrui, et sans doute pour soi-même.

Toutefois, la remarque la plus importante à émettre sur ce texte est le lien exprimé entre le désir légitime du malade d'être guéri (même si cela ne se produit pas), et la relation de confiance vis-à-vis de Dieu qui paraît comme le fondement de la prière de guérison. La confiance filiale demeure la clé de toute vraie compassion. Mais comment adresser à Dieu une prière qui soit confiante ? Car quand bien même aurions-nous la foi, notre difficulté est si grande de faire confiance au Dieu de toute miséricorde...

« Non seulement la prière des fidèles qui demandent leur guérison ou celle d'un autre est louable, mais l'Église, dans sa liturgie, demande au Seigneur la santé des malades. D'abord, elle a un sacrement "spécialement destiné à réconforter ceux qui sont éprouvés par la maladie : l'onction des malades." » (chapitre II, paragraphe 1)

Dans son principe, la prière pour la santé des malades est donc louable, et de même que toute prière, fut-elle simplement personnelle, culmine dans la liturgie de l'Église, de même la prière de guérison trouve-t-elle sa pleine expression dans la célébration du sacrement de l'onction des malades. Ce sacrement n'est donc pas réservé aux 'dernières heures de la vie sur terre', en vue d'un 'meilleur passage', mais apporte une grâce de force, et donc de guérison potentielle, dans le corps et (ou) dans l'âme du souffrant. Pour autant, cela ne signifie nullement que toute intercession pour les malades doit se dérouler exclusivement dans le cadre du sacrement. Un certain nombre de circonstances justifient la prière de guérison 'hors liturgie' (quoique nécessitant toujours un discernement préalable), spécialement lorsqu'on est en situation d'évangéliser des personnes peu sensibles ou ignorantes de la dimension sacramentelle.

« Les Actes des Apôtres rapportent en général des prodiges accomplis par eux. (...) Ces signes et prodiges, qui étaient donc des faits miraculeux, manifestaient la force et la vérité de leur mission. (...) La finale de l'Évangile de Marc et la lettre aux Galates ouvrent la perspective et ne limitent pas les guérisons miraculeuses à l'activité des Apôtres et de quelques évangélisateurs individuels ayant un rôle important dans la première mission. De ce point de vue, les allusions au 'charisme de guérison' revêtent une importance particulière. Le sens de charisma, en soi assez vaste, est celui de 'don généreux' ; et dans ce cas, il s'agit de dons de guérisons obtenues. Ces grâces, au pluriel, sont attribuées à un seul (cf. 1 Co 12, 9). Il ne faut donc pas les entendre au sens distributif, comme des guérisons que chacun des bénéficiaires obtient pour soi, mais comme don de guérison qu'une personne reçoit pour d'autres. » (chapitre III, paragraphe 3)

Nous trouvons ici, à la fois une définition, mais aussi une reconnaissance de la notion de charisme de guérison, explicitée – et justifiée chez une personne – par un contexte (ou un appel) à l'évangélisation (au sens très large du terme). Nous l'approfondirons ultérieurement en cet ouvrage.

« La question qui se pose est celle des assemblées de prière organisées exprès pour obtenir des guérisons miraculeuses parmi les membres malades, ou bien des prières de guérison à la fin de la communion eucharistique avec le même but. Les guérisons liées aux lieux de prière (sanctuaires, près des reliques de martyrs ou des autres saints, etc.) sont abondamment rapportées tout au long de l'histoire de l'Église. (...) Ces guérisons n'impliquent pas 'un charisme de guérison', parce qu'il n'y a pas de sujet porteur de ce charisme, mais il faut en tenir compte quand on entreprend d'évaluer doctrinalement les assemblées de prière en question. (...) Il est opportun de distinguer celles qui peuvent faire penser à un charisme de guérison vrai ou apparent, des autres qui n'entretiennent aucun lien avec un tel charisme. Pour qu'on puisse parler d'un éventuel charisme, il faut que s'impose comme déterminante pour l'efficacité de la prière, l'intervention d'une ou de plusieurs personnes ou d'une catégorie précise de personnes, par exemple les dirigeants qui animent la réunion. S'il n'y a pas de lien avec le charisme de guérison, évidemment les célébrations prévues dans les livres liturgiques, accomplies dans le respect des normes liturgiques, sont licites et souvent opportunes. » (chapitre V, paragraphe 1)

Nous remarquons à travers ces lignes un évident souci de préserver à une assemblée de prière sa dignité, pour qu'elle évite de se lancer dans des pratiques hasardeuses, spécialement lorsque la prière pour les malades se déroule lors d'une liturgie, afin que soient respectés le rite et le sens même de cette dernière (ce qui demeure primordial en toutes circonstances). Mais nous constatons également la préoccupation d'un discernement quant à un possible charisme de guérison authentique, lequel, sans contrevenir aux normes disciplinaires précisées plus tard, semble pouvoir (et devoir ?) bénéficier d'une liberté d'action bien plus large pour s'exercer selon le don de Dieu.

On ne peut attribuer le charisme de guérison à une classe déterminée de fidèles. *« Mais en tout cela, c'est l'unique et même Esprit qui l'opère, distribuant ses dons à chacun en particulier comme il l'entend. »* (1 Co 12, 11) Par conséquent, dans les assemblées de prière organisées pour demander à Dieu des guérisons, il serait arbitraire d'attribuer un charisme de guérison à une quelconque catégorie de participants, par exemple aux dirigeants du groupe ; il ne reste plus qu'à se fier à la volonté souveraine du Saint-Esprit qui donne à certains un charisme spécial de guérison pour manifester la force de la grâce du Ressuscité. Cependant, même les prières les plus intenses n'obtiennent pas la guérison de toutes les maladies. Ainsi Paul doit-il apprendre du Seigneur que *« Ma grâce te suffit car ma puissance se déploie dans la faiblesse »* (2 Co 12, 9) et que les souffrances à endurer peuvent avoir le sens : *« je complète en ma chair ce qui manque aux épreuves du Christ pour son corps qui est l'Église »* (Col 1,24).

Tout autant faut-il se garder de s'arroger de soi-même la grâce d'un charisme de guérison (sous peine de trahir la providence divine et manquer orgueilleusement à la confiance en Dieu), tout autant faut-il veiller à accueillir un authentique charisme de guérison et respecter les modalités par lesquelles il entend s'exercer, ceci dans un juste discernement ecclésial.

Mais quand bien même le charisme de guérison serait-il répandu en abondance, les maladies ne disparaîtront pas, quoique certaines seront effectivement guéries et que les témoignages procureront à beaucoup une espérance renouvelée. Le mystère de la souffrance rédemptrice du Christ et de ceux invités à sa suite demeure le cœur de l'Évangile et le lieu de la Résurrection.

3

Des conditions pour être guéri ?

Bien des gens se posent la question cruciale : « Faut-il mériter la guérison ? », ou autrement formulé : « Certains sont-ils 'favoris' de Dieu pour recevoir une guérison, alors que d'autres, priant avec la même foi (autant qu'on peut en juger...) ne reçoivent pas de soulagement à leur mal ? » Il s'agit en fait d'une fausse question, par laquelle bon nombre se tourmentent intérieurement. Elle a pourtant son importance en ce sens que beaucoup risquent leur foi en l'amour de Dieu en (se) la posant... sans pour autant recevoir une réponse satisfaisante pour leur intelligence.

> René, soixante-deux ans, est emmené à une assemblée de prière sur l'insistance de son épouse. C'était en hiver, dans une petite ville de Normandie et six cents personnes étaient présentes, dont beaucoup affligées de toutes sortes de maladies ou problèmes de santé. René ne voulait pas venir, malgré la douleur qui torturait son genou droit et l'empêchait de marcher, ou simplement de bouger sa jambe. Chaque mouvement lui arrachait un gémissement de douleur et les médecins ne savaient plus quoi lui prescrire pour le soulager. Il était croyant, certes, mais imaginait mal un Dieu qui laisse ainsi souffrir les hommes. Yvonne, sa femme, avait déployé des trésors de diplomatie pour qu'il accepte finalement d'être véhiculé jusqu'à l'église où avait lieu la prière pour les malades.
> Le Seigneur fit ce soir-là des très belles choses dans les cœurs et dans les corps, et, à la fin de la prière, alors que tous se dispersaient dans la joie, Yvonne (que je n'avais jamais vue) me présente son mari, René, qui marchait normalement, et sans aucune douleur. Je m'attendais à ce que René se réjouisse de son état et, à ma grande surprise, il se met en colère à mon égard, et exprime vis-à-vis de Dieu une révolte étonnante.

« Je suis outré de ce qui m'arrive. C'est vrai que je vais bien à présent et que ça faisait longtemps que j'étais cloué au lit ou dans mon fauteuil. Mais vous trouvez cela normal, vous, un Dieu qui laisse les gens crever de douleur un peu partout. Et même si c'est Lui qui m'a guéri ce soir, c'est inadmissible, à cause des autres qui étaient là ce soir et dont la plupart repartent avec les mêmes difficultés ! »

Le cœur humain a vite fait de sombrer dans la tentation de suspecter Dieu d'injustice, plutôt que d'accueillir ce qu'il fait dans sa sagesse...

Je ne sais ce qui est arrivé ensuite à René. A-t-il pu jouir de la grâce de guérison paisiblement, et finalement rendre grâce à Dieu, ou s'est-il enfermé davantage dans son amertume, au risque de gaspiller cette grâce ? En revanche, René, s'il avait sans doute besoin d'une guérison physique (comme tant d'autres), souffrait surtout d'une révolte intérieure contre le Seigneur, laquelle 'polluait' son existence (et celle de son couple) et appelait une grâce de guérison intérieure que, sans aucun doute, la miséricorde divine aurait bien aimé lui accorder.

Affirmons d'emblée, et avec force, que Dieu n'est pas un examinateur chargé de décerner à l'un ou l'autre un certificat d'aptitude à la guérison. Il n'y a pas ceux dont il écoute – et exauce – la prière, et ceux vis-à-vis desquels il se bouche les oreilles... ceux qu'il entend guérir, et ceux qu'il entend oublier. Laisser une telle idée envahir notre cœur est dangereux pour la foi, et ruineux pour la confiance.

Le mystère de la vraie guérison

En fait, l'horizon s'ouvre lorsque nous réalisons que le mot guérison n'a pas le même sens pour l'homme et pour Dieu, et le mystère de la croix du Christ est là pour nous y sensibiliser.

Pour nous, guérir, c'est être soulagé d'un symptôme ou d'un ensemble de symptômes par lequel s'exprime une maladie, que celle-ci soit corporelle ou psychique, fonctionnelle, ou même d'ordre spirituel. La notion de maladie peut même s'ouvrir à d'autres réalités de souffrance, qui ne sont pas immédiatement liées à la santé, mais interfèrent sur elle indirectement : le handicap, la détresse sociale, les problèmes conjugaux ou familiaux, les dépendances, les troubles de l'identité, etc.

Pour le Seigneur de la Vie, guérir l'homme ne signifie pas d'abord le libérer d'un symptôme, même s'il lui arrive assez souvent d'œuvrer d'abord en ce sens (et d'autres témoignages nous le montreront). Son 'arrière-pensée' divine est de guérir tout l'homme, c'est-à-dire de le rejoindre à la racine la plus profonde de son mal véritable pour l'en libérer, mais d'une libération qui sollicite notre liberté. Ainsi s'éclairent d'une lumière nouvelle ces questions – surprenantes à la réflexion – posées par Jésus à plusieurs malades, comme celle de l'aveugle à l'entrée de Jéricho : *« Que veux-tu que je fasse pour toi ? »* (Lc 18, 41) À une telle interrogation de la part de Jésus, on serait tenté de sourire : à quoi bon une telle question quand un aveugle est là, en face de lui, à attendre ?

L'enjeu prend un autre relief quand on discerne le fond de la question. Jésus entend signifier que l'amour de Dieu se fait mendiant de la liberté humaine – même à travers la guérison symptomatique – et qu'il n'impose pas sa grâce, même pour faire du bien. Manière d'aider l'homme à comprendre qu'il est invité à se faire collaborateur des œuvres de Dieu.

Mais alors, quel est ce mal profond qui ronge l'homme et met sa vie véritable et son identité en péril ? C'est un mal de rupture ou d'isolement, de repliement sur lui-même, qui entend creuser un fossé radical et désespérant entre l'être humain – tout être humain – et l'amour dont il a besoin pour vivre. Le premier amour nécessaire à la vie est celui de Dieu et, par extension, tout amour vrai (c'est-à-dire ressemblant d'une certaine manière) de la part d'un (ou de plusieurs) proche(s). Ce mal prend, on le savait déjà, le nom de péché. Mais le péché n'en est pas le seul constituant. Le sujet est d'approche difficile et regroupe tout ce qui pourrait contribuer à faire douter l'homme de lui-même, de sa valeur, de sa dignité de vie, du sens de son existence, de sa vocation…

Ainsi entrevue, la guérison que le Seigneur veut offrir à l'homme dépasse – ô combien ! – la notion de recouvrement de santé, telle que la médecine l'envisage et entend la faire progresser.

En ce sens, on peut dire que Dieu veut guérir tous les hommes, et sans exception. Mais il ne veut, ni ne peut guérir tous les symptômes de maladie du monde entier. Oui, osons l'affirmer, au risque de scandaliser : il est évident que Dieu ne veut, ni ne peut guérir tous les symptômes.

La récrimination surgit d'emblée : « Lui, qui est tout-puissant, ne pourrait pas soulager certaines douleurs ? »

Mais la puissance de Dieu ressemble-t-elle à celle des 'grands' de ce monde ? Nous l'évoquerons ultérieurement...

> C'était à Madrid, en Espagne, au mois de mai 2001 et je prêchais une retraite pour tous les responsables du Renouveau Charismatique espagnol. Beaucoup de prêtres étaient présents, pour ma plus grande joie. Le thème de cette retraite était : « Un ministère de miséricorde pour l'Église », et une prière pour les malades (ouverte à tous) était prévue pendant la soirée du troisième jour. Ce fut l'occasion pour le Seigneur de manifester la puissance de sa miséricorde au sein de cette assemblée, tout spécialement par une onction de paix et de réconciliation (une des formes les plus belles de la guérison, quoique parmi les plus discrètes). Plusieurs personnes vinrent témoigner de la disparition de remords terribles, de rancœurs profondes, d'amertumes tenaces, de haine conjugale ou familiale... autant de symptômes d'ordre psycho-affectif qu'il avait plu au Seigneur de balayer. Le sacrement de réconciliation était proposé durant toute la soirée, et les confessionnaux ne désemplissaient pas. Quelques guérisons physiques furent accordées également, évidentes pendant la prière (sans compter les guérisons reçues quelques heures, quelques jours plus tard). Une telle soirée me rappelle volontiers ce passage de l'Évangile où il est écrit que *« Jésus les guérissait de toute maladie et de toute langueur »* (Mt 4, 23). Rien ne nous empêche de voir dans ces langueurs tout ce qui alourdit un cœur d'homme ou de femme au point de le faire douter de lui-même... et de Dieu.
> Le lendemain matin, entre deux conférences, je recevais en entretien un prêtre au visage tourmenté. « Je suis atteint d'une maladie de la moelle épinière, me raconta-t-il, qui me conduit lentement vers la paralysie. C'est terrible pour moi qui suis un actif dans mon ministère. Hier soir encore, j'ai demandé la guérison au Seigneur et je sens bien, ce matin, que rien ne s'est passé. Est-ce que vous accepteriez de prier quelques instants pour moi ? »
> Je ne pus lui refuser cela, bien sûr, et nous entrâmes dans la prière avec ferveur. Au bout de quelques minutes, mal à l'aise, je lui partageai mon sentiment : « Il me semble que le Seigneur veut vous accorder une grande grâce de consolation aujourd'hui, mais que nous faisons fausse route en demandant votre guérison. En fait, osai-je lâcher, je crois qu'Il vous a déjà parlé au cœur et que vous hésitez à le prendre au sérieux parce que cela vous paraît fou. »

En entendant ces paroles, le prêtre s'effondre en larmes, tombe à genoux et répond : « Vous avez raison. Cela fait bien longtemps que le Seigneur m'a invité à vivre – à travers la maladie – une offrande de ma vie pour les prisonniers dont je m'occupe. Il me l'avait fait pressentir et cela me remplissait de joie, même si j'étais inquiet sur ce qui allait m'arriver. J'en avais parlé à des collègues qui s'étaient moqués de moi et m'avaient fait douter de cette invitation de Dieu. »
« Aujourd'hui, lui répliquai-je, le Seigneur renouvelle son invitation à travers cette maladie et veut vous remplir de sa force et de sa joie. Ce sera votre guérison. Vous ne vous y attendiez pas, mais elle est pour vous, si vous l'acceptez… »
« Oh oui ! Que ta volonté soit faite, Seigneur ! » Ce fut un véritable cri du cœur, immédiatement accompagné d'une onction de paix et de joie, balayant toute tristesse et toute peur de la maladie.
Je devine qu'un tel témoignage étonnera, voire choquera l'intelligence de celui qui n'est pas encore assez familiarisé avec cet amour du Christ, pleinement manifesté dans la folie de la croix. Mais… comprenne qui pourra !

Dieu est Miséricorde…

Dieu est Miséricorde, c'est dire qu'il ne choisit pas certains au détriment d'autres. Son grand désir est de guérir l'homme, de cette guérison plénière qui convient à son si grand amour pour nous. Parfois, il juge bon de manifester ce désir en octroyant des signes de guérison, et souvent, il s'y prend autrement, selon une sagesse qui nous dépasse et nous dépassera toujours. Cependant, elle comporte toujours une assurance à l'égard des souffrants : Il n'en laissera jamais un seul sans secours ; il n'en abandonnera jamais un seul dans le creux de sa misère. Et comme il connaît notre faiblesse et notre inconstance, il nous affirme que ce secours promis ne sera pas uniquement dans la foi, c'est-à-dire d'une manière non ressentie par nos sens ou nos sentiments. Cette aide fidèle, il la manifestera un jour, quand bien même nous devrions attendre ce jour longtemps. L'espérance se vit au diapason de la confiance, et non du temps qui passe.

L'histoire de Jean m'a personnellement bouleversé et a contribué à accentuer mon goût pour la Parole de Dieu. Jean habite à la Martinique, où il exerce le métier d'ouvrier dans une distillerie. Il

a perdu sa femme depuis 1991 et n'a plus que son fils, Bernard. Ce dernier avait affronté l'adolescence avec bien des difficultés et, par entraînement aussi bien que par mal-être profond, commençait sombrer dans la drogue. Son existence de plus en plus déséquilibrée faisait la crainte et la honte de son père, lequel n'arrivait plus du tout à dialoguer avec son fils.
Lorsque j'arrivai en Martinique, en mai 1997, invité par le Renouveau Charismatique Catholique de l'île, ainsi que par la fondation locale de l'œuvre Mère de Miséricorde, Bernard avait disparu depuis de longues semaines et les recherches entreprises par la police s'étaient avérées vaines. On craignait le pire, et Jean se retrouvait en dépression, accablé de tristesse. Pourtant, il priait, seul ou avec des amis, suppliant le Seigneur de faire quelque chose, de lui redonner son fils, qui avait, semblait-il, fugué. Mais aucune bonne nouvelle ne venait lui redonner la paix.
Le Renouveau Charismatique avait organisé une journée de louange et d'enseignement sur un grand terre-plein de la banlieue de Fort-de-France, suffisamment étendu pour accueillir plusieurs milliers de personnes. On avait dressé un podium surélevé en son centre et beaucoup de monde s'était déplacé pour cette journée... Jean (dont je n'ai connu l'histoire que quelques jours plus tard) était là.
L'enseignement prévu portait sur la parabole du fils prodigue et je commençai naturellement par proclamer cet Évangile. À peine avais-je terminé que j'observe un joyeux tumulte au pied de l'estrade sur laquelle se tenait l'équipe d'animation. J'appris plus tard que Bernard, le fils de Jean, se trouvait sous le podium, caché et endormi le jour, pour mener une vie de noctambule dès le soleil couché. Il s'était réveillé pendant la proclamation de la parabole du fils prodigue et s'exclamait, ébahi : « Mais... c'est de moi qu'on parle ! »
Bouleversé, Bernard sort discrètement de sous le podium et son regard se pose sur une première personne, juste en face de lui : son propre père. Ils se jettent dans les bras l'un de l'autre, en larmes... et le fils demande pardon à son père. Dieu avait répondu à la prière et manifesté son secours. Je sais que, quelques mois plus tard, Bernard ne se droguait plus (il avait éprouvé une libération intérieure au moment même des retrouvailles) et avait repris une vie équilibrée dans la maison de son père.

À présent, pour tenter d'aborder la question des 'conditions favorables' de la guérison, du côté de l'homme, et non de celui de Dieu, il est bon de se rappeler l'adage spirituel : « Si Dieu donne, l'homme ne sait pas toujours accueillir. » Ainsi arrive-t-il, plus souvent qu'on ne le pense, que le Seigneur accorde une grâce à une personne, laquelle ne sera pas disposée à la recevoir, et ceci consciemment ou non.

Certains dressent la liste – fort longue – de tous les obstacles à l'obtention de la guérison, comme si celle-ci était tributaire d'une technique divine immuable ou dépendante d'une morale rigoureuse, où finalement la grâce de guérison devrait être méritée d'une manière ou d'une autre. Il faut bannir de telles listes, qui entretiennent dans les cœurs une fausse image de Dieu. Si le Seigneur, dans sa sagesse qui ne se rend aucunement dépendante d'un vouloir humain, décide d'octroyer une grâce de guérison, il le fait... en son temps ! Rien en l'homme ne peut le faire renoncer à proposer sa grâce. Mais l'homme sait-il qu'il faut apprendre à accueillir cette grâce ?

Des résistances à la grâce de guérison ?

Considérée sous cet angle, l'approche de la guérison rencontre cependant, à ma connaissance, deux 'résistances' possibles. Les mieux connaître favorise certainement l'obtention d'une grâce de guérison, dans la mesure où le 'bénéficiaire potentiel' de cette dernière se sent personnellement concerné.

La première résistance est celle du refus de pardonner. Quelle que soit la grâce demandée dans la prière, le cœur humain est susceptible de receler une fermeture dans le domaine du pardon à donner, et non pas à recevoir[4].

Le pardon à donner a déjà été traité dans un autre ouvrage, auquel est renvoyé le lecteur s'il l'estime nécessaire[5]. Il s'agit d'un aspect primordial de l'amour chrétien (la charité), qu'il est souvent opportun de laisser germer en l'âme. Classiquement, cet 'acte d'amour caché', comme on a pu le nommer, est susceptible de se vivre sur trois dimensions possibles liées à la capacité relationnelle de l'être humain : le

4. Le pardon à recevoir, spécialement de la part du Seigneur et à travers le sacrement de réconciliation, est essentiel ; toutefois, sur un plan pragmatique, il ne semble pas qu'il constitue un obstacle à l'accueil d'une guérison. À vrai dire, cette forme de pardon fait souvent partie de la grâce même de la guérison, celle-ci favorisant le désir d'être pardonné. On ne peut pas en dire autant du pardon à donner.

5. Lire à ce sujet : « Heureux les miséricordieux », du même auteur, Éditions des Béatitudes, 1996.

pardon envers autrui, le pardon envers soi-même et le pardon envers Dieu.

L'opportunité de ce pardon est liée au fait que notre existence a pu être blessée par des déceptions affectives, des échecs, des humiliations, ayant entraîné une fermeture (souvent inconsciente) du cœur, capable de maintenir une distance énorme entre ce Dieu qui donne et donne encore, et nous qui le vivons – faussement – comme lointain ou dédaigneux de notre histoire.

Dans le domaine de l'accueil d'une guérison, tout se passe comme si, lorsqu'un refus de pardonner est là, bien enfoui, le Seigneur s'approche du malade et lui dit au cœur, comme à l'aveugle de Jéricho : *« Que veux-tu que je fasse pour toi ? »*, et il ajoute en filigrane : « Acceptes-tu de pardonner ? » La proposition de guérison est alors l'occasion d'une prise de conscience : celle d'être porteur d'un refus. S'entêter dans ce refus, quelle que soit la justification que l'on s'en donne, revient à se fermer à une guérison que l'on souhaite cependant.

> Rosalie, trente-deux ans, était atteinte de sclérose en plaques depuis plus de dix années et ne pouvait plus marcher depuis longtemps. Paralysée des jambes, condamnée à rester en fauteuil roulant, sa vie avait sombré dans une dépression permanente, quoique sa foi demeurât active. Je la rencontre lors d'une retraite prêchée en Belgique. À la fin d'un enseignement sur « la résurrection de Lazare », elle me demande de prier avec elle pour sa guérison. Nous entrons dans une prière toute simple et confiante, suppliant le Seigneur d'accomplir en Rosalie l'œuvre de Sa volonté. Au bout d'une dizaine de minutes, je lui demande si elle ressent quelque chose dans ses jambes ; elle m'informe qu'elle perçoit comme des sensations électriques. Alerté sur le fait, sachant que ce genre de phénomène, lorsqu'il est objectif et concerne une maladie neurologique, est souvent précurseur d'une grâce de guérison, je l'invite à continuer de prier, seule, dans la chapelle. Rendez-vous est pris pour le lendemain à la même heure.
>
> Vingt-quatre heures plus tard, Rosalie m'apprend que les sensations électriques se sont estompées et qu'elle ne ressent aucune amélioration. Ma réplique est immédiate : « En voulez-vous à quelqu'un ? » Elle cherche en elle une réponse, sceptique, ne comprenant pas le lien entre la question et sa possible guérison. Elle secoue la tête négativement... et j'insiste. Soudain, elle s'écrie : « J'en veux beaucoup à Jésus d'avoir permis que je tombe

malade. À l'époque, j'allais me fiancer, et à cause de cela, le garçon m'a quitté. »
Sans spéculer sur la qualité de l'amour de ce garçon vis-à-vis de Rosalie, je demandai : « Ne pensez-vous pas que vous devriez pardonner à Jésus ? »
« Comment voulez-vous je lui pardonne ? Je sais qu'Il est Dieu et qu'Il m'aime ! »
« Oui, mais votre cœur s'est révolté contre Lui, car il cherchait un responsable de votre malheur. Vous ne l'avez sans doute pas voulu, mais vous continuez de rendre Jésus coupable de votre souffrance… Ne réfléchissez pas trop à cela. Songez plutôt à lui pardonner. »
« Mais… comment pardonner à Dieu ? »
« Quand on pardonne, on se redonne à quelqu'un ; on lui renouvelle sa confiance. C'est ce qu'Il attend de vous aujourd'hui. »
Rosalie acquiesça et prit un long moment de prière personnelle pour exprimer, comme elle pouvait, mais avec sincérité, son pardon vis-à-vis de Dieu. Puis, le lendemain, alors que de nouveau nous priions ensemble pour sa guérison physique, les sensations électriques sont réapparues. Une heure plus tard, elle faisait, seule, ses premiers pas, signe d'une authentique guérison débutante. Aujourd'hui, elle est totalement guérie.

Danièle était tellement malheureuse : son mari l'avait abandonnée depuis trois années, et elle ne cessait de prier pour son retour. Elle l'attendait, sans que des éléments rationnels puissent justifier un tel espoir. Il était parti, sans velléité de retour, et ne s'était jamais manifesté depuis trois ans. Pourtant, elle espérait quand même ! Une intime conviction dans son cœur lui disait qu'elle le retrouverait.
Un jour cependant, lasse de prier, fatiguée d'espérer, elle va trouver un prêtre ami et lui fait part de son désarroi, et de ses doutes vis-à-vis de la fidélité de Dieu. Le prêtre demande à Danièle : « Vous priez, c'est bien ! Mais avez-vous le cœur réconcilié à l'égard de votre mari ? »
« Comment, réconcilié ! c'est lui qui m'a quitté ! c'est lui qui m'a fait souffrir ! c'est à lui de me demander pardon. »
« Je vous comprends, mais le Seigneur ne voit pas les choses comme vous. C'est Lui qui aime le premier, qui pardonne en premier, et Il vous demande de lui ressembler. Pardonnez en premier, même si cela vous semble injuste. Et vous verrez… »
Après bien des hésitations tourmentées, Danièle s'est décidée à pardonner. Deux jours, plus tard, le téléphone sonnait. Son mari, hospitalisé depuis plusieurs semaines, venait de découvrir d'une

manière nouvelle son amour pour sa femme et la cherchait... en lui demandant pardon !
Les miséricordes du Seigneur sont inépuisables... et souvent bien surprenantes !

Sylvain, vingt-six ans, souffrait de dépression nerveuse depuis quatre années. Sa panique grandissait car il traversait de plus en plus fréquemment des crises de pulsions suicidaires, qui l'empêchaient de travailler (il était clerc de notaire) et de vivre normalement. Les médicaments qu'il devait prendre chaque jour l'assoupissaient et l'angoisse de fond ne le quittait plus. Une amie l'avait amené à plusieurs reprises dans une assemblée de prière charismatique. Il y trouvait un peu de paix à chaque fois, mais les troubles revenaient très vite après.
Je fus invité un jour à cette assemblée, où fut proposé un temps de prière pour la guérison intérieure. Je ne connaissais pas Sylvain et personne ne m'en avait parlé auparavant. Parmi les paroles de connaissance immédiate qui furent données ce soir-là, celle-ci toucha Sylvain en plein cœur : « Le Seigneur visite dans cette assemblée un homme de vingt-six ans qui souffre d'idées suicidaires obsédantes. Son cœur est rongé par le remords et il est invité à se pardonner à lui-même un évènement passé, qui continue de peser sur sa conscience. »[6]
Sylvain fut bouleversé, se reconnaissant personnellement et se demandant alors de quel genre de remords il pouvait être habité. La lumière vint immédiatement : quand il avait dix-huit ans, Sylvain devait surveiller son petit frère en l'absence de ses parents, et un long coup de téléphone l'avait occupé, lui faisant oublier son frère. Ce dernier fut renversé par une voiture et perdit l'usage d'un bras. Sylvain ne s'en était jamais remis, se jugeant coupable de l'accident et de ses conséquences.
Sur l'instant, en pleine assemblée, il réalisa que le Seigneur l'invitait à se pardonner à lui-même, ce qu'il tenta de faire 'tant bien que mal'. En fait, ce qu'attendait le Seigneur était un simple acte de confiance et d'humilité, pour que Sylvain se présente à Lui dans sa pauvreté, sans la barrière du sentiment de culpabilité. Il accomplit cette démarche et se sentit envahi d'une paix ineffable.
Deux semaines plus tard, le jeune homme était complètement sorti de sa dépression, de ses angoisses et de ses idées suicidaires, à tel point que le médecin l'invitait à arrêter tout médicament.

6. Nous reviendrons plus tard sur le lien entre parole de connaissance et ministère de guérison. L'intérêt de ce témoignage est l'interpellation que Sylvain a vécu en profondeur à partir de cette « annonce prophétique de guérison ».

Aujourd'hui, il est marié... et heureux d'avoir expérimenté l'amour libérateur de Dieu.

Les petits débuts...

L'autre résistance à l'obtention d'une grâce de guérison est plus délicate à évoquer, tant il nous est difficile de saisir que le plus souvent, une guérison, même d'ordre charismatique, de la part du Seigneur, s'accueille activement par son bénéficiaire ou ses proches. C'est tout le problème des 'petits débuts' d'exaucement. En effet, nous nous représentons trop souvent la guérison du Seigneur comme un 'tout ou rien' : il faudrait que tout soit donné entièrement tout de suite, ce qui est rarement le cas ! Neuf fois sur dix, la guérison se manifeste par un 'petit début', une petite amélioration sensible : et nous avons la responsabilité d'en faire le constat et de la prendre au sérieux. À ce sujet, on redoute souvent le jeu émotionnel, qui nous donnerait l'illusion d'une guérison débutante. Une telle illusion existe parfois, mais elle ne doit jamais balayer une évidence de foi : la grâce de guérison, pour des raisons de sagesse divine, aime les prémices, c'est-à-dire les premiers et petits signes d'amélioration, pour une excellente cause : l'homme est associé à sa propre guérison et la foi personnelle en un début authentique appelle à une croissance de cette confiance en Dieu qui guérit...

Il faut insister sur ce fait, à temps et à contre-temps, sous peine d'éteindre la puissance de guérison du Seigneur dans une existence humaine : sur un plan, là encore pragmatique, tout se passe comme si le Seigneur avait besoin de notre 'attention de confiance' pour réaliser le signe de guérison qu'il a en projet pour un malade précis. Nous sommes généralement peu conscients, surtout dans le domaine de la guérison physique, de la première touche guérissante de la grâce du Christ.

On est prompt – au nom d'une foi encore peu exercée – à s'imaginer le Christ guérissant de façon miraculeuse un malade, c'est-à-dire entièrement, en un instant et sans 'séquelles'. La maladie a disparu quasi soudainement, sans que le malade ait réalisé ce qui lui arrivait. Un tel mode de guérison existe de la part du Seigneur, en réponse à la prière, mais il est loin d'être le plus courant. Il vaut mieux attirer la vigilance sur une 'amorce de guérison', bien timide au départ, mais déjà concrète pour le malade sous une forme qu'il est invité à constater présentement.

Le constat personnel d'un début de guérison s'avère primordial pour entrer dans une démarche de confiance en ce que le Seigneur est en train d'accomplir. Dans cette mesure, la guérison pourra se déployer dans les minutes ou heures qui suivent.

Le charisme de connaissance, et celui de foi sont, sous cet angle, bien précieux pour aider au déroulement d'une prière pour les malades.

Mais qu'advient-il d'une personne manquant totalement d'attention à ce qui lui arrive ? Ne risque-t-elle pas de laisser de côté la grâce du moment pour se préoccuper de ce qui n'a pas d'importance sur l'instant ?

Certains argumenteront pour se défendre (contre qui, d'ailleurs ?) qu'ils pensaient aux autres malades, qu'ils priaient d'une autre manière, qu'ils se concentraient dans la foi, etc., peut-être, mais ils n'étaient pas attentifs là où la grâce leur donnait rendez-vous !

Lors d'une prière pour les malades, n'oublions jamais d'exhorter l'assemblée à la confiance en ce que Dieu peut faire au sein des participants, mais d'une confiance qui ose être attentive à un possible début concret de guérison.

> Jocelyne, cinquante-six ans, était sourde de l'oreille gauche depuis l'âge de trente et un ans, à cause d'un malencontreux accident de voiture. Son oreille malade était appareillée, mais ne lui permettait cependant pas d'entendre valablement. Elle a donné son témoignage à Marseille, où elle assistait à une réunion de prière au cours de laquelle il m'avait été demandé de donner une conférence sur les causes spirituelles de la maladie. En finale, j'avais proposé un petit temps de prière pour les souffrants et Jocelyne était là.
> Comme il arrive parfois dans les assemblées de prière charismatique de guérison, l'Esprit montre doucement quel genre de malades il souhaite visiter plus électivement en certains moments de la prière. J'ai invité toute l'assemblée à prier pour que le Seigneur réalise son œuvre de guérison auprès des personnes souffrant des oreilles. Jocelyne priait intensément, les yeux fermés. Elle fut dérangée par un bourdonnement dans son oreille gauche. Irritée, elle enlève son appareil, le secoue pour le remettre en état et le remet à sa place. Mais le bourdonnement s'accen-

tuait. Elle retire à nouveau son sonotone et en règle le volume, puis le fixe sur son oreille. Mais le bourdonnement continuait. Intriguée, sa voisine s'enquiert de ce qui se passe et Jocelyne de lui raconter en quelques mots son petit malheur acoustique du moment. « Et si tu étais en train de guérir ? » lui dit son amie.
« Tu n'y penses pas ! ce n'est pas possible ! d'ailleurs, je suis venu prier pour X… qui est atteint d'un cancer. »
« Mais si c'était toi que Jésus touchait maintenant ? Enlève donc ton appareil et tu verras bien ! »
Sans grande conviction, Jocelyne retire le sonotone et tend l'oreille, essayant de percevoir quelque chose du côté gauche.
« Il me semble qu'il y a un changement là-dedans, mais je ne sais pas quoi » conclut-elle avec hésitation, comme s'il était indécent de se préoccuper de soi en la circonstance.
« Continue à prier sans ton appareil » conseilla la voisine.
Un quart d'heure plus tard, Jocelyne entendait normalement de l'oreille gauche et venait me remettre joyeusement son sonotone en signe de témoignage.

Si Jocelyne n'avait été rendue attentive à sa propre guérison par sa voisine, aurait-elle pu 'agripper' dans la confiance cette grâce de guérison ? Qui peut le dire ? Ce qui est malheureusement sûr, c'est que de multiples grâces du même genre ne parviennent jamais à maturité par manque d'attention dans la confiance. La guérison opérée par la puissance du Christ est toujours un évènement personnel en lequel nous sommes invités à entrer, plutôt que de le vivre 'de l'extérieur'.

Qu'est-ce qui prouve que Dieu a guéri ?

C'est la question d'un monde trop rationalisant, trop soucieux de l'aura scientifique, trop épris d'une forme d'intelligence résistante à la véritable sagesse, cette sagesse que saint Paul nomme folie (ou encore ineptie) aux yeux des hommes.

À travers la guérison inexplicable (par la médecine), réponse à la prière du croyant, certains voudraient prouver l'existence de Dieu, tandis que d'autres, à l'inverse, entendent réfuter 'objectivement' l'action d'un Dieu aimant.

L'un des premiers miracles – et sans doute le plus impressionnant – de guérison lié aux apparitions de Lourdes est celui de Pierre de Rudder. Son témoignage, épluché rigoureusement par les médecins et les ecclésiastiques de l'époque, illustre fort bien la 'tentation scientiste' qui a traversé l'Église jusqu'à très récemment (à vrai dire, en sommes-nous sortis ?), laquelle entendrait bien prouver rationnellement l'origine divine du miracle[7].

> Pierre de Rudder, bûcheron de métier, âgé de quarante-quatre ans, vit avec sa famille près de Bruges (Belgique). Il est grièvement blessé le 16 février 1867 par la chute d'un arbre. Sa jambe gauche est écrasée, souffrant de multiples fractures avec plaie ouverte à travers laquelle les os font saillie à l'air libre. De Rudder est vu par tous les praticiens de la région. Divers traitements médicaux ou chirurgicaux (de l'époque !) sont tentés, sans aucun succès. La fracture demeure ouverte, la plaie persiste et s'infecte et en 1875, huit années après le traumatisme, notre (ex) bûcheron est à la fois un grand malade et un grand infirme.
>
> Non sans une douleur terrible, sa jambe peut être remontée à 180 degrés contre la cuisse, au niveau de la fracture ! On lui conseille un appareil d'immobilisation, puis une amputation... manière de lui signifier qu'il n'y a rien à faire et que la médecine de son temps est démunie... Mais il s'y refuse.
>
> Abandonné des médecins, de Rudder, qui est très croyant, se rend le 7 avril 1875 à la chapelle Notre-Dame de Lourdes de Oostacker, près de Gand. Aussi aberrant que cela puisse paraître à une intelligence rigoureusement scientifique, il en revient le soir même complètement guéri et marchant normalement !
>
> Les enquêtes ultérieures ont enregistré les déclarations des témoins qui rencontrèrent le malade au cours des étapes douloureuses de son voyage aller, ainsi que les attestations recueillies à son retour.
>
> Témoignage du cocher qui se plaint des taches de pus sanguinolent qui ont souillé sa voiture...
>
> Témoignage du garde-barrière qui aide de Rudder à monter dans le train et l'engage à ne pas poursuivre son voyage...
>
> Témoignage des voisins stupéfaits... ainsi que du curé de la paroisse...
>
> Témoignage du médecin traitant...

---

7. J'ai exposé le dossier médical de l'événement miraculeux, ainsi que celui d'autres miracles reconnus par l'Église dans un ouvrage intitulé : « La guérison extraordinaire existe-t-elle ? » Éditions Breg 1982.

> De Rudder raconte lui-même comment, après un trajet qui fut pour lui un véritable supplice, il pria en implorant le pardon de ses péchés et demandant sa guérison pour pouvoir nourrir sa famille. Puis, soudainement, un sentiment d'être comme hors de lui-même, de se sentir poussé de l'intérieur à traverser les rangs des pèlerins pour s'agenouiller devant la statue de la Vierge, alors qu'il n'avait jamais fait un pas sans béquille depuis huit ans. Il était guéri !
> Examiné quelques heures après le miracle, on constatait une jambe redevenue totalement normale, avec cicatrisation des plaies, puisque les os s'étaient subitement rejoints et que l'infection avait totalement disparu.
> On a pu remarquer plus tard que la quantité de calcium mobilisable nécessaire à la soudure soudaine des os de la jambe était supérieure à la réserve de calcium présente dans le sang d'un adulte.
> Dans le Renouveau Charismatique, on conclurait spontanément : « Gloire à Toi, Seigneur ressuscité ! »

Inexplicable guérison... véritable miracle... pas d'explication rationnelle possible... sans aucun doute ! Mais en quoi cela prouve-t-il à ceux qui ne sont pas disposés à le croire que le Seigneur fut à l'œuvre ? Beaucoup souhaiteront fermer les yeux sur le caractère insaisissable de l'événement, d'autres avanceront l'hypothèse d'un être suprême, d'une instance supra naturelle impersonnelle ou encore d'une force obscure assimilable à l'inconscient collectif. Certains iront même jusqu'à frôler l'explication paranoïaque en invoquant les extra-terrestres ou la modification génétique à distance. À l'ère du New Âge, les hypothèses les plus aberrantes ont pignon sur rue. Mais Dieu n'a rien à voir avec ce genre de débat.

De fait, dans la dynamique de la guérison, Dieu n'a rien à prouver, et ne veut rien prouver. Car s'il voulait prouver ainsi son existence ou son amour aux hommes, il s'imposerait lui-même dans une dimension de toute-puissance écrasante de la liberté humaine. Or, l'amour véritable s'impose-t-il ? Son souci, empli d'un immense respect pour l'être aimé (c'est-à-dire chacun de nous) ne serait-il pas plutôt de proposer son amour et de se faire le mendiant du nôtre ?

Du sens de la guérison

Pour autant, la guérison divine n'est pas 'neutre', en ce sens qu'elle peut se comprendre justement comme un don de ce Dieu d'amour qui, de cette manière (parmi d'autres), vient frapper à la porte des cœurs. Mais l'homme demeure toujours libre dans sa réponse...

> L'anecdote fameuse d'un réalisateur télé de France 3, venu faire un reportage sur la maison-mère de la Communauté des Béatitudes, à Cordes sur Ciel, est, à ce sujet, fort significative. Son intention était de faire un scoop sur « les chrétiens en communauté de vie », mais aussi sur la prière de guérison. Il se définissait d'emblée comme totalement agnostique, mais souhaitait faire un reportage honnête, qu'il nous soumettrait avant sa diffusion à l'antenne.
>
> Cet homme était très myope depuis des années, obligé de porter de fortes lunettes. Accompagné de son équipe, il entre pour la première fois dans la chapelle de la communauté et, au bout d'une dizaine de minutes, son collaborateur lui fait remarquer qu'il a oublié de mettre ses lunettes, mais qu'il s'en tire bien quand même. Le réalisateur s'étonne, persuadé qu'il fût d'avoir ses lunettes sur le nez. Mais elles étaient restées dans sa poche. Il regarde tout autour de lui, ébahi, s'exclamant qu'il voit normalement sans lunettes.
>
> Mais quand il sort de la chapelle, constat est fait qu'il ne voit à nouveau plus rien sans ses verres.
>
> « Vous avez voulu m'avoir avec votre Bon Dieu ! » confie-t-il, ironique. Nous nous demandions bien comment... Il retourne dans la chapelle et nouvelle surprise : il voit tout à fait normalement et sans lunettes !
>
> À chaque fois qu'il se trouve dans la chapelle, ou même en certains endroits de la maison, sa vision revient, claire, comme si sa forte myopie avait disparu. Pourtant, aussitôt dehors, c'est le retour de la 'mal voyance'. Son équipe se moquait de lui sympathiquement, le traitant de miraculé. Mais au bout de deux jours de tournage au sein de la communauté, il me confia : « Il se passe quelque chose, mais cette histoire de Dieu ne m'intéresse pas. Alors, je l'évacue de ma mémoire. » Et durant les derniers temps du tournage, il n'expérimenta plus cette grâce de guérison intermittente, qui constituait sans doute pour lui un clin d'œil du Seigneur... Nous sommes libres, terriblement libres d'accueillir ou non les petits (ou les grands) signes de l'amour de Dieu !

Preuve de Dieu ou signe de sa miséricorde ?

Il convient toutefois de revenir sur cette question de preuve, pour mieux entrer dans le mystère de la guérison. Commençons par faire la différence entre preuve et signe.

La preuve est un trait de connaissance qui s'impose à la raison. En tant que telle, sa pertinence est sans discussion et n'ouvre pas à un dialogue. On assène une preuve, on ne la propose jamais ! Sa puissance – en tant que preuve – est de convaincre d'emblée. Elle n'engage ni la liberté, ni le discernement, mais entre dans le champ du rationnel, du scientifique. Si Dieu nous crée libre, comme notre foi chrétienne l'atteste, il ne peut, ni ne veut 'se prouver' à notre égard. Car cela reviendrait à nier ses propres dons, spécialement celui de la liberté de l'homme. De même, si Dieu nous donne d'exercer le don de notre intelligence au service de la vérité, donc dans une éducation à un véritable discernement, il n'utilisera jamais l'arme de la preuve, parce que la croissance de l'intelligence et de l'esprit en l'homme serait empêchée, voire anéantie. Plus question de sonder les voies du Seigneur, plus question de pénétrer le mystère, plus question de se comporter de plus en plus comme des fils et des filles de Dieu.

Le signe, en revanche, se propose aux capacités d'interprétation qui sont les nôtres. Un signe annonce et manifeste ce qui est au-delà de lui-même. Un signe est finalement quelque chose de simple, même quand il est grandiose, car il a pour 'vocation' de s'effacer devant son auteur, de révéler d'une certaine manière ce dernier. En ce sens, il attend une réponse, qui est de l'ordre de la foi et de la confiance.

C'est pourquoi il faut dire et redire sans cesse que les grâces de guérison ne sont jamais des preuves, mais des signes de Dieu. À ce titre, elles sont données pour dévoiler, au moins un tout petit peu, celui qui les accorde dans sa bonté.

Constituent-elles, en ce cas, un signe exclusivement pour celui qui guérit ? Certainement non ! Le signe de guérison, quel qu'il soit, est assimilable au geste du semeur, qui jette la semence un peu partout avec l'espoir qu'elle va 'prendre' au maximum. Autrement dit, le signe est autant pour le malade lui-même que pour ceux qui bénéficieront de son témoignage. D'où l'importance de ce dernier, qu'il est urgent de rappeler à ceux qui ont été personnellement guéris.

Récemment, j'étais abordé par une femme de cinquante-huit ans, que je n'avais jamais vue auparavant et qui me dit avec un grand sourire : « Savez-vous que j'étais à la prière pour les malades de la communauté de Cordes, le samedi soir, et que j'ai été guérie ? »
« Excusez-moi, Madame, mais je ne m'en souviens pas. Quand était-ce ? »
« Il y a six ans. »
« Et de quoi le Seigneur vous a-t-il guéri ? »
« ...D'un cancer avec métastase ! il avait commencé au sein et était 'descendu dans le foie'. Il y a eu une parole de connaissance qui a évoqué une femme de mon âge, ayant la même maladie que moi et que le Seigneur était en train de guérir. Je n'ai pas trop compris ce qui se passait. Mais le médecin, que j'ai vu la semaine suivante, m'a dit que j'allais beaucoup mieux et que c'était inattendu. Trois mois après, il m'affirmait que j'étais entièrement guérie. Et qu'il ne comprenait pas comment cela se faisait... »
J'étais dans l'étonnement le plus complet. « Vous dites que c'était il y a six ans ? Pourquoi donc n'avez-vous pas témoigné auparavant ? »
« Ah bon ! Il aurait fallu que je témoigne ? »
Cette réponse me laissa pantois... Un tel témoignage authentique aurait sans doute contribué à fortifier dans la confiance plusieurs autres malades...

La question de la gratuité

L'idée d'un Dieu qui adresse ainsi des signes de son amour, véritables interpellations à Le découvrir, Lui, plutôt que la guérison elle-même, laisse plusieurs dans un certain malaise.

Un jour que je prêchais une retraite sacerdotale près de Zurich, un prêtre me fit cette réflexion : « Que Dieu veuille nous faire signe par la guérison pour nous dévoiler son amour, je comprends. Mais faut-il voir toute guérison comme un signe ? Dieu ne pourrait-il pas parfois guérir 'gratuitement', seulement par miséricorde, pour soulager tout simplement ? »

Ce prêtre avait raison de se poser la question, car il percevait quelque chose de la puissance innocente et gratuite du Seigneur. Mais je pris quelques minutes pour lui préciser mon avis à ce sujet. Pourquoi projeter sur Dieu la manière de penser d'un homme ? Celui qui accorde des signes de sa miséricorde est le même que celui qui donne la guérison pour 'faire du bien'. Ce que nous pouvons intellectuellement analyser comme deux activités distinctes n'en constitue en fait qu'une seule. Il n'y a pas contradiction entre les deux attitudes : quand Dieu fait miséricorde, tout à la fois il accomplit un signe et manifeste son désir de soulager une souffrance... telle est la véritable gratuité de son amour !

Les signes messianiques de guérison

Guérissant les malades, aujourd'hui comme hier, le Christ agit par mode de signe, signes divers et variés que sa sagesse choisit de répandre parmi le peuple des croyants et la foule des incroyants. Tout signe de Dieu va donc plus loin que ses fruits immédiats et les hommes ainsi touchés par les signes sont invités en même temps à chercher le visage de Celui qui tente de se dévoiler à leur cœur.

Cependant il est exact, particulièrement en ces temps, que les signes de guérison, librement accordés par la miséricorde divine, concernent plus souvent trois grands domaines d'affliction corporelle : les maladies altérant les fonctions visuelles, auditives et locomotrices. Une tentative d'explication nous aidera à mieux comprendre un trait de la sagesse de notre Dieu.

> C'était en août 1998, à Marseille. Le Renouveau Charismatique de la ville avait invité, plus de trois années à l'avance, le P. Tardif en vue de plusieurs assemblées de prière pour les malades. Sa venue était encouragée par Monseigneur Panafieu, archevêque de Marseille. Émiliano Tardif m'avait contacté quelques mois auparavant pour me demander de venir prier avec lui, ce que j'avais accepté avec joie.
> Plus de cinq mille personnes se massaient dans la cathédrale, dans l'attente des merveilles du Seigneur. La prière avait commencé par un temps d'adoration devant le Saint-Sacrement, suivi d'une exhortation par le P. Tardif sur l'un de ses thèmes préférés : « Eucharistie et guérison. » C'est dans un climat de profonde adoration que la prière de demande avait débuté, ne troublant nullement le sens premier de l'adoration eucharistique, lequel se doit d'être respecté dans toute prière 'surajoutée' pendant l'exposition de la Sainte Hostie.

L'Esprit Saint fut invoqué sur tous les malades présents et la place fut ensuite donnée aux charismes de guérison et de connaissance. Émiliano, habitué du ministère charismatique, perçut dans son cœur que le Seigneur voulait toucher des personnes atteintes au niveau des yeux, et tous se sont associés à la prière de foi. Dans l'authentique audace prophétique, Dieu se montre fidèle au rendez-vous, même si cette pratique des charismes (spécialement celui de foi et de connaissance) peut surprendre, voire agacer certaines sensibilités.
Quelques minutes plus tard, interpellés par l'expérience d'une guérison, plusieurs personnes vinrent donner leur témoignage. La louange de l'assemblée monta en ferveur, et nous continuâmes la prière. Se tournant vers moi pour me 'transmettre le relais', Émiliano me demanda si j'avais reçu une autre 'information' intérieure de la part de l'Esprit. Sans hésitation, j'acquiesçai et commençai une prière de guérison pour les malades atteints au niveau des oreilles. Là encore, l'attente (dans la confiance) du peuple rassemblé était quasi palpable... Peu de temps après, les témoins se présentaient pour raconter à tous comment le Seigneur venait de les libérer de troubles auditifs, et ceci quelle que soit la maladie qui en était la cause.
La joie de la foule parvenait à son comble, quoique sans aucune excitation de mauvais aloi. On touchait d'une certaine manière la présence du Dieu vivant au milieu de nous. Et la prière se poursuivit, et même nous dépassa dans ses fruits. Avant même que ne soient formulées de nouvelles annonces prophétiques, une jeune femme atteinte de paralysie des jambes se levait de son fauteuil, commençant à marcher (avec une hésitation bien compréhensible) sous un tonnerre d'applaudissements, bientôt suivie par d'autres, libérés de problèmes d'infirmité et découvrant qu'ils pouvaient à présent marcher sans difficulté.

J'entends encore le P. Tardif louer le Seigneur et le remercier pour les signes de guérison qu'Il nous accordait en ce jour, signes messianiques, c'est-à-dire annonçant le salut des hommes, comme dans les Évangiles, signes précisés par Jésus lui-même : « *Des aveugles recouvrent la vue, des boiteux marchent, des lépreux sont purifiés, des sourds entendent, des morts ressuscitent. L'Évangile est annoncé aux pauvres* » (Mt 11, 4-5), reprenant le livre d'Isaïe (35, 5-6 et 61, 1).

Les lépreux d'aujourd'hui ne sont plus les mêmes que ceux des Évangiles, mais le sens profond demeure actuel : la lèpre exprime ce qui éloigne de Dieu et de ses frères, celle du péché notamment. Quant aux morts qui ressuscitent, je n'ai pas appris de source sûre que des personnes à peine décédées étaient revenues à la vie (quoique certains saints ont sans doute accompli de tels miracles). Mais le signe de 'guérison-résurrection' n'est pas à situer sur un plan exclusivement physique. Il concerne entre autres la question – récemment mise au jour – de la blessure de la vie, que nous évoquerons plus tard.

Pourquoi « messianiques » ?

Ainsi le Seigneur nous enseigne – par leur concrétisation – l'existence de trois formes de guérison physique, qui correspondent aux signes messianiques, tel qu'il a souhaité lui-même les accomplir lors de son ministère public. Pour découvrir le sens messianique, il convient d'aller plus loin que le signe lui-même.

La guérison d'yeux malades (indépendamment de la maladie en cause) signifie cette grâce de Dieu accordée pour ouvrir nos yeux malades, ceux du cœur, ceux de la foi qui nous font voir l'invisible et discerner l'accomplissement des promesses du Seigneur dans nos vies. Ces yeux intérieurs nous font aussi entrevoir le bien d'autrui avant le nôtre…

La guérison d'oreilles malades, au-delà du soulagement physique qu'elle procure, rappelle que nous avons besoin d'écouter Dieu, de nous nourrir de sa Parole, d'entrer dans la confiance filiale, d'entendre également le Seigneur nous parler à travers nos frères…

La guérison de boiterie, ou de paralysie[8], dépassant le bienfait corporel par ailleurs non négligeable, promeut la vocation de l'homme, en tant que debout et en marche… debout pour la prière, pour un chemin de liberté, pour la croissance en dignité… en marche, à la suite du Christ, au service des hommes (surtout ceux qui ne connaissent pas ou trop peu le grand amour de Dieu).

Les signes messianiques ne relativisent pas les autres signes de guérison, mais éclairent à leur façon la stratégie d'amour du Seigneur. Ils n'impliquent aucunement que les autres guérisons physiques

---

8. Dans l'Évangile, la paralysie n'a pas son sens médical d'aujourd'hui. Elle regroupe toutes sortes d'affections, de gravité variable, qui empêchent l'homme de mouvoir normalement une partie, voire la totalité, de son corps.

obtenues par la prière soient inutiles aux yeux de Dieu, ou moins fréquentes à ceux des hommes, de même que les signes, plus nombreux encore, de guérison intérieure. Bien au contraire, lorsqu'ils s'accomplissent, ils favorisent l'accueil d'autres guérisons, sans doute du fait de leur portée prophétique plus forte.

> J'étais en Guyane, à Cayenne, lors d'une assemblée d'évangélisation avec prière de compassion sur la place publique de la ville. Attirés par l'animation de louange, beaucoup de gens s'arrêtaient et se mettaient à prier. D'autres étaient là depuis des heures, attendant l'heure de la célébration. Denise était de ceux-là. Elle avait quarante ans et souffrait de sclérose en plaque. Toute sa famille l'entourait ce soir-là, espérant un miracle.
>
> Et le miracle eut lieu, dès le début de la prière. Elle fut la seule à expérimenter sur l'instant une guérison physique manifeste, mais la foule était enthousiaste. Pour beaucoup, c'était la première fois qu'ils assistaient à un tel 'spectacle', celui d'un Dieu qui s'attendrit et fait merveille.
>
> Je m'attendais à ce que d'autres personnes soient guéries de problèmes paralysants, mais l'Esprit en avait décidé autrement. Très vite la prière évolua vers la libération d'angoisses de mort, liées à la disparition d'êtres chers, à l'expérience de l'avortement ou à des pratiques perverses. Les paroles de connaissance immédiate abondèrent en ce sens, inattendues et percutantes…
>
> « Le Seigneur visite une personne angoissée depuis qu'elle a perdu son fils de treize ans dans un accident de voiture il y a deux années. »
>
> « Le Seigneur touche deux jeunes femmes angoissées âgées de vingt et vingt-deux ans, qui se livrent habituellement à la prostitution et sont là aujourd'hui en curieuses, au fond de la place. Elles sont invitées à changer de vie ce soir même pour expérimenter la paix et l'amour de Jésus. »
>
> « Le Seigneur interpelle un homme de cinquante-deux ans, angoissé parce qu'il a quitté sa femme depuis deux semaines sans lui dire où il allait, et redoute qu'elle se suicide. Il est invité à accueillir une grâce de paix et à revenir au domicile conjugal. »
>
> La liste complète serait longue et fastidieuse. Mais particulièrement longue ce soir-là fut la file de ceux et celles qui voulaient recevoir le sacrement de réconciliation, et qui, de plus, venaient discrètement (et non pas en public, vu le caractère intime des prophéties de guérison) donner leur témoignage. Toutes les paroles de connaissance immédiate furent confirmées (ce qui est rare dans un ministère charismatique), et beaucoup d'autres personnes vinrent remercier le Seigneur pour la grâce de paix

qu'elles venaient de recevoir alors qu'elles vivaient des situations parfois extrêmement douloureuses.
Plusieurs n'hésitèrent pas à dire que le témoignage de la guérison physique de Denise les avait comme encouragées à se laisser visiter par la miséricorde au niveau de leur souffrance intérieure.

Comme quoi un signe messianique est susceptible d'ouvrir de multiples chemins de guérison intérieure. Quant aux amateurs de guérison physique spectaculaire, leur déception fut relativisée, certes par le soulagement visible de Denise, mais surtout par le climat de paix profonde qui envahissait tous les cœurs. Les voies de Dieu ne sont pas les nôtres et les décrets de sa sagesse surprendront toujours. Il suffit de rester docile à l'Esprit dans la prière, et sa volonté s'accomplira, pour la joie du plus grand nombre.

4

Pourquoi Dieu guérirait-il ?

L'interrogation, classiquement posée au Renouveau Charismatique et à l'Église, n'est pas neutre ; ses intentions se révèlent parfois ambiguës. Le fait est que la guérison dérange et ce, pour de multiples raisons plus ou moins clairement avouées.

Un Dieu qui suscite nombre de signes de guérison fait, d'une certaine manière 'concurrence' à l'orgueil scientifique, voire matérialiste, ou plus largement à la tentation prométhéenne d'un intellect humain ayant un net penchant pour l'indépendance (en France tout spécialement !). Tant que Dieu ne fait pas parler de lui, on le tolère ; mais quand Il commence à nous faire signe, c'est autre chose...

Les signes révèlent déjà quelque chose d'une existence divine... une existence qui dérange plus d'un, parmi ceux qui la refusent purement et simplement, ou – plus redoutable – parmi ceux qui se sont forgés eux-mêmes 'leur dieu', selon leur fantasme, leur idéologie, ou leur souffrance intérieure.

Un Dieu qui multiplie les signes de guérison décline déjà – au moins un peu – son identité, que l'on peut qualifier ainsi : l'Amour ! J'aime, à ce sujet, citer la phrase magnifique de la bienheureuse Élisabeth de La Trinité : « Il y a un Être qui s'appelle l'Amour, et qui désire vivre en société (c'est-à-dire en communion) avec nous. » Pourtant, un grand nombre de personnes ne souhaitent pas tellement être aimées de Dieu, si ce n'est 'de loin', pourvu qu'il ne dérange pas trop... ce qu'on nomme humoristiquement : mettre Dieu sur un strapontin !

Un Dieu qui guérit les corps et les cœurs, bouleverse l'ordre présumé des choses et le précaire équilibre de nos raisonnements ou de nos certitudes rationnelles.

Un évêque d'un pays francophone me disait il y a quelques années avec sérieux : « Mon cher ami, pourquoi voudriez-vous que le Seigneur guérisse aujourd'hui, puisqu'à présent, nous avons des médecins ! » L'argument me laissa songeur, jusqu'au moment où j'appris que cet évêque avait d'abord fait une formation médicale avant d'entrer au séminaire... La médecine a certes bien progressé depuis deux mille ans, mais l'homme a toujours autant besoin de signes de l'amour de Dieu, et peut-être aujourd'hui plus qu'auparavant !

Les signes dans l'Évangile et dans notre existence

Contemplons le plus grand des signes accordé par le Dieu Vivant : celui de la croix du Christ. Car la croix, bien qu'elle soit d'abord une expérience de mort et de résurrection pour le Fils de Dieu incarné – expérience qui se prolonge dans l'Église et se propose à tout baptisé – la croix est également un signe (et non une preuve) de l'amour du Père pour tous les hommes. Le signe de la croix est-il bien accueilli par ceux à qui il est destiné ? Je laisse au lecteur le soin de répondre...

En comparaison de ce signe de la croix, éminent et éloquent, le signe de guérison est infime certes, mais réel. Et il dérange, lui aussi... sans doute pas autant que la croix elle-même.

Les guérisons des Évangiles sont à l'évidence de l'ordre du signe, et celles que le Christ ressuscité opère aujourd'hui dans son Église le sont pareillement. Mais en accordant des signes de guérison, le Christ propose en même temps une expérience : expérience de sa présence dans la vie de tout homme, expérience de sa miséricorde par laquelle son amour rejoint la souffrance humaine, expérience de sa proximité, nous qui le soupçonnons facilement d'être si loin de notre existence, de notre prière, de nos préoccupations.

C'est pourquoi un signe de Dieu est une invitation faite à l'homme à sortir de ses ignorances.

Un proverbe chinois dit : « Quand un homme indique la lune du doigt, l'ignorant regarde le doigt. » S'arrêter au signe et s'en contenter ne constitue pas spécialement une faute, mais souvent un drame lié à l'ignorance : celui de rater un rendez-vous essentiel, vital pour notre avenir.

La guérison est donc une grâce qui n'est pas réservée à son bénéficiaire (la personne guérie), mais également à ceux et celles alentour qui en accueilleront le témoignage ou accepteront d'en constater, avec un esprit ouvert, l'authenticité. Elle constitue une invitation à faire mémoire et à expérimenter :

– faire mémoire à partir de la guérison obtenue, c'est-à-dire se rappeler la présence de Dieu dans notre existence, même si celle-ci est troublée par maintes difficultés. Avec cette mémoire est susceptible de grandir un double désir profond : celui de l'adoration et celui de la réconciliation. « Dieu est là, près de moi, et je ne le savais pas (ou plus) ! Mais je le retrouve (parce qu'il vient de me retrouver d'abord) et je veux revenir vers Lui… ».

– expérimenter une grâce de guérison, c'est-à-dire 'toucher du doigt' (celui de la foi) dans mon existence sa miséricorde à mon égard, son regard posé sur moi personnellement, son amour qui peut changer ma vie, sa lumière susceptible d'éclairer ma route (ou encore les décisions que j'ai à prendre aujourd'hui).

Voilà pourquoi Dieu aime guérir.

Cependant, nous n'ignorons pas la dimension humaine d'une telle expérience : lorsqu'une personne reçoit une grâce de guérison, ou assiste à la guérison d'une autre, elle est rarement en état de vivre *consciemment* la double finalité de l'évènement (signe et expérience), tant est forte l'émotion ou la surprise légitime du moment. Toutefois, l'émotion liée à la guérison est vouée à se dissiper, comme toute émotion issue d'une sensibilité humaine. Que reste-t-il alors du don de Dieu ? C'est là qu'une bonne compréhension de la 'stratégie d'amour' du Seigneur devient nécessaire pour faire d'un signe de guérison une expérience de salut, que l'on nommera bientôt 'vraie guérison'.

Rimini (Italie), mai 1999, grand rassemblement national du Renouveau Charismatique Catholique, quarante mille personnes. Les organisateurs avaient invité Jean Pliya à enseigner sur le thème du fils prodigue (Lc 15). M'était confié le thème du fils aîné de la parabole, conclu par un bref temps de prière de guérison intérieure pour les blessures analogues à celle de cet aîné quelque peu énigmatique de l'Évangile. Se durcir à l'égard de notre paternité, jusqu'à parfois la rejeter, même inconsciemment, occasionne des souffrances profondes et pénibles, tel un boulet attaché à notre jambe et freinant la marche, entravant le désir de vivre...

J'ai rarement vu une telle foule appliquée à la prière intériorisée de guérison intérieure. Dans une grande attention au passage de Dieu, les gens étaient bouleversés par une effusion de la tendresse divine, et les yeux s'emplissaient ici ou là de larmes, larmes de repentir, de conversion, de retour vers un amour paternel délaissé. L'émotivité italienne n'expliquait pas tout...

Agnese était là avec son mari. Âgée de vingt-huit ans, mariée depuis neuf années, elle avait sombré dans une profonde dépression quelques jours après le mariage. La tristesse morbide était permanente, sans aucune rémission, malgré les prescriptions médicales d'antidépresseurs, ainsi que plusieurs séjours en milieu spécialisé. Son mari ne savait plus que faire et souffrait terriblement de l'état de sa femme. Neuf années de mariage, neuf années de dépression d'Agnese, et de son couple...

S'était-elle sentie concernée par la souffrance intérieure du fils aîné ? Elle ne savait le dire. Mais le climat de prière de la foule l'avait saisie dès les premiers instants et, avec son mari, elle suppliait le Seigneur de la libérer de sa dépression. Quelques minutes plus tard, une vague de paix et de chaleur intérieure la submergea et « elle sentit le voile de la dépression posé sur son cœur s'envoler tout d'un coup ». En un instant, elle fut soulagée de cette ambiance morbide imprégnant son psychisme et ses relations. Elle se découvrait « une nouvelle femme », habitée d'autre chose que de tristesse et réalisant que son cœur s'était fermé depuis longtemps à l'égard de son père, sans toutefois se souvenir d'une cause précise...

On pourrait certes invoquer la valeur thérapeutique momentanée d'une intense émotion. Mais la guérison de la dépression se maintient – et sans plus aucun médicament – depuis deux ans ; Agnese et son mari découvrent la « vraie » vie conjugale et leur famille s'est agrandie. Pourtant l'histoire ne s'arrête pas là et le 'happy end' n'est pas celui qu'on pourrait penser.

Quelques semaines plus tard, Agnese, heureuse de goûter à cette paix intérieure et libératrice, s'ouvre à une nouvelle évidence : dans une foule de quarante mille personnes, elle a reçu une grande grâce de guérison. Parmi une multitude, le Christ l'a regardée, l'a reconnue, lui a manifesté personnellement sa

puissance d'amour. Pourquoi ce choix ? Sans doute, d'autres autour d'elle avaient besoin d'une guérison et ne l'ont pas reçue. Elle – Agnese – a été gratifiée d'une faveur immense, et l'action de grâce – pour opportune qu'elle soit – lui semble intuitivement ne pas suffire. Le Seigneur attend d'elle autre chose qu'une louange passagère…
Ce questionnement intérieur devint l'occasion, pour Agnese et son mari, de découvrir un chemin de croissance spirituelle par lequel le Dieu de miséricorde souhaitait les mener. La joie d'être guérie fut remplacée par celle de « faire quelque chose de sa vie » pour Dieu. Ils sont aujourd'hui responsables d'une équipe d'accompagnement thérapeutique pour couples en difficulté, dans la banlieue de Rome, en lien avec le curé de leur paroisse, et leur ministère porte des fruits incontestables de paix et de réconciliation conjugale ou familiale.
Agnese a été jusqu'au bout de sa guérison, obtenue par la prière : avec son mari, elle y a décelé la puissance du signe, et celle d'une expérience transformante de la présence de Dieu dans leur vie.

Ce témoignage nous amène à une déduction primordiale : ce n'est pas à l'aspect sensationnel d'une guérison qu'il convient d'évaluer sa qualité et sa valeur. La grâce de guérison vue comme signe nous permet de percevoir que l'essentiel réside dans l'impact de l'évènement au niveau du cœur de la personne guérie ou des 'spectateurs' de cette grâce reçue de Dieu. À nouveau l'accent est mis sur l'importance du témoignage lequel, à la mesure de sa véracité, produit 'le bon impact' dans le cœur de ceux qui le reçoivent.

À l'inverse, il convient de dénoncer la quête de 'sensationnalisme' dans l'exercice du ministère de guérison, avec l'illusion de croire que plus un évènement de guérison est 'merveilleux' dans l'ordre du spectacle, plus il est évangélisateur. Certains membres « d'églises séparées » n'hésitent pas, pour cette raison, à 'gonfler' les témoignages, voire à les monter de toutes pièces, dans l'intention de faire du prosélytisme. De telles pratiques ne font que refléter leur ignorance quant à la véritable puissance du Saint-Esprit, quand bien même ces 'églises' invoqueraient ce dernier abondamment.

Le ministère de prière pour les malades amène souvent à constater que, malgré le caractère impénétrable des voies de Dieu et le 'sérieux' de sa volonté, le Seigneur ne manque pas d'humour. Mais c'est toujours en vue d'un enseignement de sa sagesse…

J'étais un jour invité à animer une soirée de prière de guérison dans une grande ville du Nord de la France. Le temps était froid et maussade, ce qui n'avait pas empêché les gens de braver les intempéries pour venir se recueillir et confier au Seigneur leurs intentions et leurs souffrances. On m'avait dit : « Surtout, pas trop de manifestations charismatiques, car les prêtres n'aimeront pas beaucoup ! » Comme je préfère la paix entre charismatiques et prêtres 'réticents' vis-à-vis du Renouveau, j'avais décidé de ne pas exercer le charisme de connaissance, dont je savais qu'il est le plus controversé des divers charismes liés à la guérison.

Pourtant, dès le début de la prière pour les malades, après la lecture initiale de la Parole de Dieu, suivie d'une brève exhortation, il apparaissait que le Seigneur agissait avec puissance, sans besoin de pratiquer les charismes (l'Esprit se plie toujours – ou presque – aux exigences de ceux qui incarnent l'autorité de l'Église, mais ne se laisse pas étouffer pour autant dans son action visible).

Je décidai d'inviter au 'témoignage par catégorie', c'est-à-dire de demander aux personnes concrètement touchées par la grâce de guérison de s'avancer au pied de l'autel, sans pour autant raconter leur histoire, par simple question de temps. En effet, au plan de la stricte organisation, une assemblée de prière pour les malades dure vraisemblablement un minimum de deux heures, sans compter les témoignages. Quand on ajoute ces derniers, qui plus est si leur nombre est important, le temps de rassemblement double aisément. Et nous n'avions pas toute la nuit pour prier dans cette église.

J'invitai donc en premier les personnes qui venaient d'expérimenter concrètement une grâce de guérison physique à s'avancer vers l'autel. Une trentaine se déplace lentement vers le chœur, signe que Dieu visitait son peuple. Sur ces trente, je remarque un homme d'une cinquantaine d'années, qui s'agenouille sur les marches sans difficulté notable. Accompagnées par un chant d'action de grâce, ces personnes retournent ensuite à leur place, et j'invite alors celles qui, dans l'assemblée, ont reçu une grâce de réconciliation profonde.

Cette fois, une centaine de personnes s'avancent, dans une démarche simple et fort émouvante, témoignant ainsi de leur expérience de la miséricorde divine au cours de la prière. Et je remarque le même homme, qui venait à nouveau vers l'autel. Intrigué, je me dis qu'il n'a peut-être pas bien compris la proposition et je rappelle simplement au micro que ne se déplacent, dans un but de témoignage, que ceux qui ont expérimenté concrètement une grâce de guérison durant la soirée de prière.

J'invite ensuite les personnes ayant vécu une grâce de guérison ou de pacification intérieure à s'avancer jusqu'à l'autel. Parmi les quelque trois cent qui se manifestent, l'homme déjà remarqué fait partie du cortège. Distrait par ce que je croyais être une 'légère incompréhension', hésitant entre doute et amusement, je continue l'animation de la prière et suscite un nouveau chant de louange, tant la présence du Seigneur était évidente en ce lieu et à cette occasion. Les prêtres locaux, eux-mêmes réticents au départ, s'étonnaient du déroulement harmonieux de la prière et des fruits qui s'exprimaient ainsi.
J'invite enfin ceux qui ont reçu une grâce (en même temps qu'un appel) à convertir tout un pan de leur vie. Ils sont environ deux cents à se manifester... dont – une fois encore ! – ce cher monsieur d'une cinquantaine d'années, qui paraissait n'avoir pas saisi la pédagogie de la célébration, ou encore souffrait peut-être d'un penchant marqué pour la 'gourmandise spirituelle'.
La soirée se conclut par une grande louange et un prêtre vint me dire combien il avait été favorablement impressionné par ce genre de célébration. Il regrettait seulement que certains (allusion à notre homme) aient un comportement inapproprié et peut-être superstitieux. Rien n'est effectivement parfait en ce bas-monde...
Le lendemain, dimanche, à la sortie de la messe, je rencontre incidemment l'homme de la veille, celui aux démarches surmultipliées.
« Je voulais vous donner en quelques instants mon témoignage », me dit-il.
« Ne l'avez-vous pas fait visiblement hier soir ? » répondis-je.
« Non, hier soir, mon attitude a pu surprendre et j'en étais désolé, mais je ne pouvais pas tricher avec la vérité. J'ai reçu une grâce de guérison pour chaque annonce que vous avez faite, et je ne pouvais que venir témoigner pour chacune. Je ne pouvais plus plier le genou droit depuis trois ans à cause d'un traumatisme avec arthrose et hier soir, je me suis agenouillé sans douleur. J'étais très ému. Je ne m'étais pas confessé depuis vingt ans et j'ai été poussé pendant la prière à aller trouver un prêtre. C'est bien une grâce de réconciliation, n'est-ce pas ? J'étais séparé de ma femme depuis longtemps et elle me demandait de revenir vivre avec elle. Hier j'en ai reçu le désir et je lui ai téléphoné dès que je suis rentré pour lui demander pardon et lui annoncer que je revenais avec elle. C'est sans doute une conversion, ne pensez-vous pas ? J'étais habité depuis des dizaines d'années par une violence à l'égard de mon père qui a abandonné notre famille quand j'avais huit ans, et hier soir, tout ça s'est envolé. N'est-ce pas ce que vous appelez guérison intérieure ? »

J'étais confondu ! Cet homme avait expérimenté une succession de grâces de guérison, comme cela arrive rarement en un si faible laps de temps, et j'avais douté... J'ai certes rendu grâce en mon cœur, mais l'ai également remercié pour l'enseignement que son témoignage venait de me procurer. Après cela, on ne prie plus pour la guérison avec la même disposition intérieure !

Mais par ailleurs, comment ne pas voir dans cette histoire véridique un clin d'œil, véritable trait d'humour de notre Dieu ?... Humour que beaucoup aimeraient goûter davantage !

Un éventail inouï de guérisons

Ce témoignage illustre également à sa façon la multiplicité des signes de guérison. Lorsqu'on entend le mot signe, on a souvent tendance à se représenter un évènement immédiatement visible, palpable à nos sens, donc touchant au corps. Il n'y a rien de plus erroné et la guérison physique n'a, au regard du Seigneur, pas plus d'importance que les autres formes de guérison, dont l'éventail s'avère très large.

Le soulagement d'un trouble psychique, ou affectif, par la grâce de Dieu, est tout autant signe que la guérison d'un mal corporel. Il ne nous appartient aucunement de juger plus importante la guérison physique que la guérison psychologique.

De même, dans une même 'catégorie' de signes de guérison, la gravité de la maladie préalable ne détermine pas la grandeur du signe. Guérir d'un cancer nous semble, dans notre appréciation bien humaine, plus 'significatif' que la cessation définitive d'une migraine périodique, par exemple. Toutefois, nous restons prisonniers d'une échelle de gravité qui n'existe pas dans la 'mentalité' de Dieu. Qui plus est, ce qui compte, en terme de signe, c'est ce qu'a vécu le malade à l'occasion de sa guérison. Le signe, c'est quand même le malade guéri qui, via son témoignage, nous le transmet de la part du Seigneur.

> Un jour de l'été 1998, j'étais invité à une réunion de prière toute simple, dans le sud de la France, où des amis avaient suscité un groupe de prière interconfessionnel. Il m'était demandé d'interve-

nir par un enseignement biblique sur la providence divine. Comme cela peut arriver spontanément dans une assemblée, des intercessions pour divers malades explicitement nommés avaient jailli publiquement. Nous avions conclu par une prière pour les malades fort brève, en réponse à laquelle une grande onction de joie était descendue sur l'assemblée. Dans ce climat de fête, des témoignages avaient été donnés, là encore spontanément, tous de guérison physique. Un homme de quarante-six souffrant d'une arthrose de la jambe gauche pouvait à nouveau marcher après deux années d'immobilisation forcée ; un garçon de seize ans, asthmatique permanent avait senti sa cage thoracique se dilater et respirait normalement ; une femme de soixante-sept ans, figée par une arthrose de la colonne cervicale, pouvait tourner la tête dans toutes les directions sans aucune douleur, chose impossible avant cette soirée. Ces témoignages étaient immédiats, c'est-à-dire qu'ils ne concernaient que des guérisons constatables sur l'instant. D'autres guérisons physiques eurent lieu, mais avaient besoin d'un délai, ou d'un constat médical pour être l'objet d'un témoignage.

S'avance un homme qui prend publiquement la parole : « Je m'excuse car je n'ai pas vécu de guérison physique pour témoigner. Mais aujourd'hui, j'ai reçu une grâce importante pour moi : celle de pouvoir pardonner à ma femme, qui a avorté il y a cinq années sans m'en informer. Je l'ai appris plus tard, accidentellement, et je lui en voulais terriblement, jusqu'à ne plus vouloir lui adresser la parole. Et ce soir, j'ai reçu dans mon cœur la force de lui pardonner. Je voulais en témoigner aussi pour confirmer devant vous le pardon que je lui ai enfin donné et j'espère que le Seigneur touchera son cœur, à elle aussi et lui redonnera la paix. »

Ses propos étaient inattendus car ils contrastaient avec ce que nous avions entendu auparavant. Il y eut un moment de surprise, suivi d'un tonnerre d'applaudissements. Ce signe de guérison était finalement plus bouleversant que les autres, bien que moins visible. C'est sans doute celui dont la plupart des participants de cette assemblée ont gardé la mémoire la plus vive, car il véhiculait à l'évidence une espérance dont beaucoup avaient un besoin inavoué.

Les signes de guérison sont donc multiformes et il nous est bon de rappeler les diverses catégories qu'ils constituent au regard des hommes :

– guérison corporelle
– libération d'influence de forces mauvaises

- libération de certaines formes de dépendances autodestructrices (drogue, alcool, certains médicaments...)
- conversion de certains comportements ou pans d'existence déséquilibrés au plan moral
- guérison de troubles psychologiques
- guérison de l'affectivité blessée
- guérison de l'imaginaire désordonné
- guérison de la relation inhibée, entravée ou déviée (y compris la relation personnelle avec Dieu)
- guérison – réconciliation (ces cinq dernières catégories peuvent être regroupées sous le vocable guérison intérieure)
- guérison d'ordre conjugal ou familial
- guérison d'ordre social.

Chacune de ces catégories représente un domaine où la santé de l'homme peut être altérée ou blessée.

Notre conception de la guérison dans la puissance de l'Esprit est invitée à s'élargir, ainsi que celle de la volonté divine en matière de guérison. Si un élan de foi authentique, vécu dans un véritable esprit de prière, invite les priants à croire que Dieu veut guérir aujourd'hui au sein de l'assemblée qu'ils constituent, il convient de ne pas 'se fixer' sur la guérison physique. Pourquoi le Seigneur ne voudrait-il pas accorder des signes de guérison autres que corporels ? C'est en tombant dans cette erreur que l'on se voile les yeux quant à l'accueil des signes, et quant à l'émergence des charismes de guérison, à la variété si riche.

Les décrets de la sagesse

Quoi qu'il en soit, ne nous laissons jamais fasciner par l'éventail si large des signes de guérison (autrement nommée : guérison symptomatique), au point d'en oublier la sagesse divine, laquelle entend nous faire passer du signe à 'la vraie guérison'. Le Seigneur est patient et plein de miséricorde ; il attend dans la confiance à notre égard, il supplée à nos carences, à nos réticences, à nos peurs profondes. Mais il se débrouille toujours pour nous rappeler d'une manière ou d'une autre que les signes, si abondants soient-ils, montrent à celui qui se laisse interpeller par eux (le malade guéri, un ou plusieurs témoins ou proches du signe) qu'il est appelé à 'la vraie guérison'.

Qu'est-ce que cette vraie guérison ? Il s'agit d'un chemin de croissance spirituelle par lequel l'homme (ou la femme !) interpellé en son cœur profond oriente – ou réoriente – sa vie vers le Seigneur, dans une quête sincère de sa volonté. C'est là où le signe de guérison fait basculer dans une dynamique de sanctification que l'on peut appeler 'vraie guérison'.

Il est délicat de définir cette dernière d'une seule façon, car il est alors facile de réduire l'œuvre de Dieu en une existence humaine. On préférera peut-être parler d'entrer en relation d'amitié – donc de réciprocité d'amour – avec le Christ, et on aura tout autant raison. Saint Paul a eu cet ardent désir de « Le connaître » et « d'être connu de Lui » (ce qu'une grâce de guérison ne contient pas en elle-même) ou encore ne plus rien avoir à Lui cacher ou à Lui refuser...

Bref, c'est ainsi que la guérison symptomatique ouvre à la notion d'expérience de salut (ou de vraie guérison) laquelle devient une relation d'amour et de don de soi à Celui qui seul sauve : le Christ.

Guérison et salut

Le programme peut paraître présomptueux et 'planer' bien au-dessus des guérisons relatées dans l'Évangile. Penser ainsi reviendrait à considérer Jésus simplement comme l'un des guérisseurs de son temps, qui n'ont personne à révéler qu'eux-mêmes. Mais si le Christ est Dieu, alors la guérison qu'il accorde va jusque-là, et ceci sans sélection, sans mérite préalable. Tout est offert, tout est gratuit... mais si beaucoup attendent les signes de guérison, combien y en a-t-il qui souhaitent entrer dans la vraie guérison, alors qu'ils ont été touchés par l'œuvre du Seigneur en eux-mêmes ou en tel ou tel malade proche d'eux ?

> Ars 1984... rassemblement charismatique organisé par la Communauté des Béatitudes. La basilique du sanctuaire avait du mal à contenir les quelque six mille personnes venues passer cinq jours de fête, de célébration, de partage fraternel. Au soir du troisième jour, le P. Jacques Marin et moi-même animions la prière pour les malades et ce fut un temps fort du pèlerinage, où

les paroles de connaissance immédiate étaient données en abondance, et vite confirmées... autant de signes d'une pluie de grâces de guérison accordée par le Dieu riche en miséricorde.
Une parole prophétique retentit avec une puissance inhabituelle. Elle n'annonçait pourtant pas une sorte de miracle : « Le Seigneur touche dans cette assemblée un homme de trente-quatre ans, qui est chef d'un gang de la région lyonnaise. Il n'est pas là pour une raison spirituelle, mais pour voler. Il se reconnaît car il a dans sa poche gauche un portefeuille qu'il vient de subtiliser et dans sa poche droite trois cigarettes de marijuana. Le Seigneur l'interpelle en cet instant même et lui dit qu'il a rendez-vous avec Lui aujourd'hui. Il est invité à trouver au plus vite un prêtre pour recevoir le pardon du Seigneur pour tout le mal qu'il a accompli depuis quelques années. »
Cette parole de connaissance immédiate si précise s'est avérée totalement authentique. Cet homme était effectivement dans le fond de la basilique et les détails le concernant dans la parole de connaissance le persuadèrent qu'il s'agissait de lui, alors que personne ne le connaissait dans l'assemblée. Des témoins l'ont vu se retourner sur lui-même, paniqué, comme s'il était découvert en public et se précipiter en larmes vers le premier prêtre rencontré. En fin de confession, il a même restitué le portefeuille volé et renoncé à la marijuana. Dieu était intervenu avec puissance.
Mais l'histoire ne s'arrête pas là. De retour sur Lyon, notre homme réunit son gang, explique à ses (anciens) acolytes ce qui s'est passé et leur annonce son intention de quitter le gang et de changer de vie. Il les invite d'ailleurs à faire de même. Furieux, ses complices se ruent sur lui et le lardent de coups de couteaux avant de s'enfuir. Transporté aux urgences dans un état de conscience encore lucide, il prononce doucement et souvent le nom de Jésus. Dans le bloc chirurgical où il est opéré 'en catastrophe', son attitude bouleverse le personnel et plusieurs sont touchés par son témoignage de confiance en Dieu. Il meurt sur la table d'opération en invoquant une fois encore le nom de Jésus... nom qu'il ne connaissait pas quelques jours auparavant et qu'il avait décidé d'aimer en si peu de temps, à la suite de cette guérison-conversion reçue à Ars.
L'histoire est douloureuse et magnifique de foi, transparente d'une amitié déjà forte avec Celui qui l'avait interpellé et libéré ce fameux soir à Ars. On aurait préféré qu'elle se termine d'une autre manière, plus heureuse. Mais le romantisme ne fait pas toujours partie des voies de Dieu. Récit bouleversant où l'on pressent que le signe de guérison peut nous faire aller loin avec le Seigneur...

5

« L'heure de Dieu » pour la guérison ?

Dieu ne guérit pas tout le monde, affirmation mal acceptée par beaucoup et nous y reviendrons. Mais quand il guérit, Dieu ne guérit pas non plus n'importe quand ! Pourquoi ?

Nombreux sont ceux qui parlent de 'l'heure de Dieu' comme une occasion, ou une chance unique donnée au malade et qu'il ne faut pas rater sous peine qu'il n'y ait pas d'autre heure.

L'heure de Dieu existe quant à la grâce de guérison, mais elle ne doit pas être comprise comme un déterminisme divin, une action surnaturelle péremptoire qui négligerait la liberté de l'homme et reléguerait ce dernier au rang de marionnette.

Il existe une certaine interprétation de cette 'heure de Dieu' pouvant faire oublier que le Seigneur ne guérit pas l'homme sans l'homme, sans sa collaboration d'ailleurs bien délicate à apprécier.

> Nadège, vingt-trois ans, était prostituée et son 'choix de vie' ne lui posait aucun problème de conscience. Elle n'avait guère entendu parler du Seigneur et ne donnait pas fréquemment dans les discussions métaphysiques ! Un soir où, de manière inhabituelle, son activité semblait 'au point mort', elle errait, désœuvrée, dans les rues de Strasbourg. Elle boitait depuis une semaine du fait d'une entorse de la cheville qui la faisait souffrir. Un problème pas très méchant pour lequel le médecin lui avait prescrit un traitement classique, lui recommandant de ne pas marcher (tout au moins sans béquille) pendant un mois environ. Marcher avec une béquille, vu sa 'profession', c'était inenvisageable !
> Ce soir-là, elle marchait en pinçant les lèvres car c'était quand même douloureux, rien que de se tenir debout. Elle passe devant une église, d'où montaient des chants qu'elle n'avait jamais

entendus. Intriguée, elle entre. L'église était pleine et les gens ne semblaient pas s'y ennuyer !
Il s'agissait d'une assemblée de prière charismatique, à laquelle j'assistais avec deux amis prêtres. Nous étions de passage...
Nadège s'étonne du climat de louange et de prière, sans toutefois comprendre le sens d'un tel rassemblement. Mi-attirée, mi-agacée, elle pense à repartir. C'est alors qu'elle entend une parole prononcée au micro : « Une jeune femme de vingt-trois ans, entrée par curiosité et souffrant de la cheville droite est visitée par le Seigneur. Il s'adresse à elle personnellement : c'est aujourd'hui pour toi le moment favorable, celui où je te prends par la main et te tire de tes ténèbres. Laisse-toi prendre par la main et je te donnerai la vraie joie. »
Surprise, Nadège s'interroge : « Dans quelle bande de fous suis-je tombée ? Il y en a qui jouent les devins ! » C'est alors qu'elle se rend compte qu'elle n'a plus du tout mal à sa cheville. Elle s'appuie de tout son poids sur sa jambe droite sans éprouver aucune douleur... « Si c'était pour moi, cette parole ? »
Un prêtre est là, non loin d'elle. Elle ne fréquente pas ce genre de personnage habituellement, mais elle pressent qu'elle peut faire confiance. Par le bref dialogue qui suivra, elle prend conscience d'une rencontre avec Dieu. La grâce de guérison ouvre pour elle un chemin de conversion, qui lui fera choisir de quitter la prostitution et goûter la joie du dialogue avec Dieu.
Aujourd'hui, elle est religieuse dans un couvent contemplatif, et heureuse de l'être...

Certes, l'évènement dont nous recevons le témoignage en ces lignes s'est produit pour Nadège à l'heure de Dieu. Mais la jeune femme aurait pu repartir de l'église guérie, sans toutefois vivre une authentique rencontre avec le Seigneur. Une grâce de guérison personnelle – ou bien le fait d'y assister – ouvre la porte d'une relation renouvelée avec le Christ ressuscité. Toutefois la personne guérie – ou témoin de la guérison – peut choisir de garder cette porte fermée.

C'est pourquoi je préfère parler de 'moment favorable' (comme dans la prophétie reçue ce fameux soir par Nadège) que d'heure de Dieu, pour bien souligner que si le Seigneur frappe à la porte pour un signe de guérison, c'est à nous d'ouvrir cette porte le plus largement possible, comme lorsqu'on accueille un être cher dont on avait perdu la trace depuis longtemps et qui se présente à nous sans prévenir.

C'est aujourd'hui le temps favorable...

L'heure de Dieu suscite en notre existence le moment favorable. Le Seigneur connaît en fait le ou les moments de notre vie où nous avons – le plus souvent sans le savoir – besoin de Lui. Nous sommes connus de lui dans sa sagesse et, par elle, il sait que c'est le 'meilleur moment' pour nous, celui où nous pourrons, librement, si nous avons un minimum conscience de ce qui se passe à travers un signe de guérison, lui ouvrir notre cœur.

L'heure de Dieu, quant à la grâce de guérison, comme vis-à-vis des autres grâces possibles, devient en fait notre heure, celle où son regard se pose plus concrètement sur nous avec une grande attente, celle de répondre au signe qu'il nous adresse.

> Lucille et Joseph sont les responsables généraux du Renouveau Charismatique Catholique d'un pays d'Europe. En novembre 1997, ils m'invitaient à prêcher une retraite pour tout le Renouveau dans une grande église de la capitale. Je ne les avais jamais vus auparavant et ignorais tout de leur histoire personnelle. Ils m'attendaient à l'aéroport, la veille du début de la retraite, et nous avons immédiatement sympathisé. Pourtant, intérieurement, j'étais touché par une souffrance (inconnue pour moi) que vivait ce couple.
> La retraite fut un temps très fort pour le Renouveau et l'Esprit souffla avec puissance sur l'assemblée durant quatre jours. Mais au fur et à mesure de son déroulement, j'étais comme conduit en mon cœur à prier pour Lucille et Joseph. Quelque chose d'inexplicable me disait que 'le moment arrivait' ... Mais le moment de quoi ?
> À la fin de la session, tard dans la nuit, je retrouve ce couple et lui partage mon sentiment. Lucille fond en larmes et Joseph se met à trembler. Ils m'expliquent qu'ils sont mariés depuis près de dix ans et qu'ils ne peuvent avoir d'enfant. La médecine ne peut rien pour eux et le couple sombre dans une tristesse douloureuse qu'il tente de cacher au regard d'autrui, d'autant plus que leur responsabilité rend difficile l'expression d'une souffrance.
> « Et si le Seigneur voulait aujourd'hui vous accorder la grâce d'un enfant ? » demandé-je.
> « Beaucoup de personnes ont déjà prié pour nous. Nous avons aussi essayé de voir si quelque chose en nous freinait l'exaucement, et nous n'avons rien trouvé. Nous pensons que ce n'est sans doute pas dans la volonté du Seigneur que nous ayons un enfant, et envisageons l'adoption, mais c'est très long ! »

« Peut-être le Seigneur ne veut-il pas vous exaucer comme vous le souhaiteriez ; mais peut-être aussi n'était-ce pas encore le moment ?... Nous allons prier avec confiance et nous verrons les fruits qu'il donnera à notre attente ».
La prière fut simple et brève, sans aucune manifestation sensible confirmant ou infirmant cette supposition. Mais trois mois plus tard, je recevais un courrier de Lucille et Joseph m'annonçant avec joie et gratitude qu'ils attendaient un enfant ! Un petit Pierre naissait sept mois plus tard, en pleine santé !
Cependant le témoignage – magnifique en soi – ne s'arrête pas là. Lucille et Joseph avaient une vie de prière très développée ce qui, sans doute, leur a permis de percevoir quelques mois avant la naissance de Pierre pourquoi le Seigneur – qui voulait donc manifestement les exaucer – ne l'avait pas fait. Dans une relecture intuitive de leur existence, de leur cheminement conjugal, des exigences de responsabilité qui reposaient sur eux, et d'autres 'paramètres' encore, ils comprirent que, malgré toutes les prières faites pour et par eux, ce n'était pas le 'bon moment' pour eux d'attendre un enfant. Et le 'meilleur moment' est arrivé à l'occasion de cette retraite prêchée au Renouveau et à laquelle ils participèrent.

Ses pensées ne sont pas nos pensées

Dans son infinie sagesse, le Seigneur sait toujours ce qu'il fait, quoique nous en doutions souvent ; et ce qu'il fait est 'un bien' (ou encore une bénédiction) pour nous, non seulement dans la forme de l'exaucement (la guérison), mais aussi dans le moment même où il l'accorde. Ses pensées ne sont pas nos pensées, nous le savions déjà (plus ou moins), mais lorsqu'il nous surprend jusque dans la manière par laquelle certains sont 'aspirés' dans ce moment favorable, on ne peut que conclure : « Rien ne peut nous ravir à ton amour, Seigneur ! »

Le témoignage qui suit concerne le rassemblement organisé par la Communauté des Béatitudes à Lourdes, en juillet 2001. L'évènement était 'couvert' par une radio chrétienne de France et c'est à elle qu'est parvenue la lettre suivante.

« Durant la transmission en direct de la session, riche des torrents de grâces du Seigneur, car qui n'aura été touché, interpellé, pacifié, mis ou remis en route par tous les témoignages, louanges, prières, célébrations, entendus sur les ondes et reçus au plus

profond de l'être, nous rejoignant dans notre vie d'aujourd'hui, là où nous sommes... Un grand merci à toute votre équipe, aux journalistes inspirés durant leur mission où l'Esprit Saint a vraiment habité de son souffle l'espace de l'été 2001, post Jubilé, prémices du grand Renouveau de ce troisième millénaire.
Ayant subi une intervention chirurgicale et ayant beaucoup de mal à remonter physiquement à cause des douleurs incessantes, j'écoutais votre radio toute la journée et ai été portée par la prière et la richesse des partages. Je me trouvais devant le poste de radio quand a été annoncé le temps de prière pour les malades. Alors, je me dis : "approchons-nous aussi" et debout, les mains ouvertes, je dis : "Seigneur, tu vois mon état ; si tu veux que je te serve encore, alors guéris-moi." J'ai ressenti dans la poitrine un élargissement de mon âme, un bien-être profond et la certitude que j'allais guérir. Au même instant, je percevais trois ondes électriques dans le genou droit malade et la douleur vive disparut. Un instant plus tard, une voix à travers les ondes annonçait qu'une personne souffrant du genou droit était guérie (parole de connaissance immédiate). Je remerciai le Seigneur.
Depuis, mon état s'est amélioré de jour en jour et aujourd'hui j'ai récupéré toutes mes forces. Cette lettre est rédigée pour témoigner de l'amour de Jésus. Il vient vers nous là où nous nous trouvons, dans l'état qui est le nôtre, et nous délivre de toute sorte de handicaps, ceux qui nous paralysent le plus. Pour notre libération, l'Esprit Saint visite les âmes, les corps et agit selon le bon vouloir d'amour du Père pour nous par Jésus qui vient sauver les hommes et leur donner vie. Si je m'abandonne à la miséricorde de Dieu et lui fais confiance, il sera toujours mon secours et ma force envers et contre tout. Merci, mon Dieu. »

À quand mon heure, Seigneur ?

Ce moment favorable est-il prévisible ? Il faut répondre : jamais, ou presque !

Jamais, parce qu'il n'existe aucune météo spirituelle, sorte de prescience exacte du vouloir divin, laquelle permettrait de pronostiquer infailliblement le 'temps de Dieu' pour les malades qu'il veut guérir. Celui qui prétend savoir est dans l'illusion ou la tromperie.

Toutefois le 'jamais' doit être nuancé par la sagesse de Dieu elle-même, laquelle 'invente' un charisme spécial, déjà mentionné par saint

Paul (sur lequel nous reviendrons), appelé charisme de foi. Par ce charisme gratuitement donné par l'Esprit Saint, un pressentiment de l'imminence d'une grâce de Dieu est possible, sans certitude rationnelle cependant. Ce charisme produit parfois l'intuition d'entrer dans le moment favorable. C'est pourquoi il se nomme charisme de foi car, dans la dynamique de ce pressentiment, la foi portée par celui qui a reçu ce charisme (distincte de la foi théologale) permet aux personnes pour lesquelles on est en train de prier de mieux se disposer à accueillir la grâce de guérison.

> À ce sujet, je fus très marqué par un évènement particulier, précurseur de multiples analogues dans les années qui suivirent, jusqu'à aujourd'hui. C'était en mars 1990, à Bangui, capitale du Centrafrique, où j'étais de passage pour visiter la Communauté des Béatitudes implantée en ce lieu. Nous avions organisé, avec l'accord des prêtres, une célébration eucharistique dominicale, prolongée par une prière pour les malades. Les gens étaient venus en grand nombre, très tôt le matin, se préparant à passer ce dimanche dans la prière, la célébration et l'enseignement.
> Nous nous disposions à commencer la liturgie dominicale lorsque je remarquai dans les premiers rangs une femme accompagnée d'un jeune garçon paralysé, aux jambes squelettiques soutenues par des attelles rudimentaires. Je fus soudainement sûr, à l'intérieur de moi-même (difficile de préciser ce genre de conviction !), que le Seigneur voulait faire quelque chose pour cet enfant. Je communiquai discrètement ce sentiment au prêtre chargé de présider la célébration et ce dernier tenta de me dissuader en alléguant qu'il y avait bien d'autres malades dans l'assemblée, que je n'avais qu'à ouvrir les yeux pour les voir, eux aussi, et qu'enfin, c'était le moment de commencer la messe.
> Mais j'étais comme 'porté' par cette certitude intérieure inexplicable[9] et dis au prêtre : « Donnez-moi cinq minutes. » Et je m'éloignai vers la femme et son garçon.
> Après les avoir salués, je m'enquis de la santé de l'enfant. Il s'appelait Rodrigue et était âgé de neuf ans. Atteint d'une poliomyélite fulgurante à l'âge de six mois, il n'avait pu apprendre à se mettre debout et se mouvoir comme les autres, et n'avait jamais marché (sauf avec des attelles, et encore, la marche en ces conditions s'avérant fort pénible pour lui).

9. Bien sûr, en perspective purement psychologique, cela pouvait s'expliquer aisément, et de nombreuses façons !

Je demandai à la maman si elle pensait que le Seigneur pouvait faire quelque chose aujourd'hui pour son fils. Entendant cela, elle eut très peur, tant la perspective d'une guérison la dépassait. « Et si c'était le moment que Dieu vous offre pour prier et faire confiance ? » Elle ne savait que répondre, et on la comprend volontiers.

J'ai remarqué, avec tous ceux et celles qui exercent dans l'Église un ministère d'intercession pour les malades, combien la probabilité d'une guérison imminente, pour soi ou pour quelqu'un de proche, suscite le plus souvent une émotion profonde de crainte, voire de refus devant l'irrationnel, même si cette guérison est souhaitée et attendue dans la prière.

« Nous allons prier avec vous maintenant et je vous invite à encourager votre fils en lui parlant doucement au creux de l'oreille, pour le rassurer et le disposer à participer lui-même à la grâce que le Seigneur veut lui accorder. » J'essayais d'avoir l'assurance intérieure proportionnée à l'audace de ces propos, mais en fait, je n'en menais pas large, redoutant de donner à cette mère et à son fils de faux espoirs aux lendemains amers.

Elle était éberluée : « Rodrigue ? Participer à sa guérison ? Mais il n'a que neuf ans ! Comment pourra-t-il comprendre ce que Dieu veut lui dire ? »

« Un enfant comprend ces choses-là bien plus sûrement qu'un adulte, s'il n'a plus peur. Et c'est à vous, sa mère, de l'aider à ne plus craindre. »

Nous avons prié ainsi, invoquant avec confiance la miséricorde du Seigneur pour Rodrigue. Nous n'avions pas beaucoup de temps car la célébration devait commencer. Appelé par le prêtre, je dus cesser à regrets et invitai la mère à poursuivre la prière, soutenue par quelques frères et sœurs de la Communauté des Béatitudes qui entouraient Rodrigue, sous l'œil intrigué de la foule environnante.

La messe avait débuté et mon ministère diaconal me retenait légitimement à l'autel. Toutefois, après l'homélie, durant un bref temps de transition, je retrouvai Rodrigue et questionnai la maman à son sujet. Le garçon ressentait des décharges électriques inhabituelles dans ses jambes. Je suggérai alors qu'on lui enlève discrètement ses attelles et qu'il examine ainsi ce qu'il sentait comme force dans ses membres. Puis je retournai à l'autel pour l'offertoire...

À la communion, j'observai Rodrigue qui tentait de se tenir debout maladroitement. À la fin de la messe, il y arrivait, à peine soutenu par la main de sa mère.

La prière pour Rodrigue – par intermittences – dura presque toute la journée, et ce dont je peux témoigner, c'est que Rodrigue, à la fin de ce rassemblement, pouvait marcher seul, bien qu'avec une hésitation légitime. On ne récupère pas intégralement en quelques heures des muscles qui n'ont jamais fonctionné valablement.

Une dizaine d'années après cette grâce de guérison, Rodrigue est devenu joueur de football, et son avenir dans ce domaine semble prometteur. Pour un homme qui n'aurait jamais dû marcher de sa vie, voilà de quoi s'interroger sur la puissance de Dieu, et surtout Lui rendre grâce pour son étonnante et inépuisable miséricorde.

6

Si Dieu est tout-puissant, pourquoi la souffrance ?

La souffrance – surtout celle qui demeure, qui accompagne une douleur physique, morale ou psychique (malgré une certaine efficacité de la médecine ou de la chirurgie), celle qui s'amplifie inexorablement avec le temps, celle que les hommes ne peuvent soulager, où la solution véritable n'existe pas – cette souffrance-là, malheureusement si fréquente, est considérée par la plupart comme l'adversaire premier de la foi en la guérison opérée par le Christ.

Considérée comme un obstacle à la foi, son constat ruine la confiance en un Dieu d'amour, en un Dieu puissant qui se révèle comme Miséricorde pour les hommes. Comment, en effet, dans cette hypothèse, un Dieu soi-disant miséricordieux, doté d'une 'toute-puissance' infinie, pourrait-il tolérer la présence de cette souffrance dans un corps ou un psychisme humain, dans une famille ou dans une existence personnelle. Son amour tout-puissant est-il compatible avec la souffrance ? Comment, qui plus est, supporter l'idée d'un Dieu fermant ses oreilles à la prière de ses enfants qui le prient pour être guéris ?

Mon Dieu, pourquoi ?

Pourquoi le Seigneur semble guérir certains, et pas d'autres… et pas tout le monde (loin de là !) ?

Le P. Tardif, ayant assisté à de si nombreux signes de guérison, affermi à l'évidence dans la foi en ce Dieu qui guérit et sauve les hommes, s'interrogeait : « Quand je comparaîtrai devant le Bon Dieu, ma première question sera de lui demander pourquoi il en guérit certains et pas d'autres. » À présent, sans doute a-t-il eu l'occasion de poser sa question, mais il n'a pas les moyens de nous faire parvenir la réponse... peut-être simplement parce que celle-ci n'existe pas !

La prière de guérison – même exaucée – ne sera jamais une réponse au mystère de la souffrance, car ce dernier dépasse en tous sens les signes de guérison que l'on peut obtenir par la prière.

Notre monde moderne confond volontiers les termes – et donc les notions – de mal, douleur et souffrance, et il a tort.

Le mal est ce qui agresse la santé ou l'équilibre de l'homme, et en tant qu'agresseur, doit être combattu, d'abord par le progrès scientifique ou social. La douleur (qui n'est pas la souffrance) est une sorte de signal de la présence d'un mal actif. Même pénible, voire insupportable, elle alerte sur l'existence d'un mal – souvent insoupçonné – déjà en train de détruire la santé ou la vie de l'homme, de la famille ou de la société. À ce titre, elle est intéressante, car dénonciatrice du mal et appelante d'un soulagement, d'une solution 'thérapeutique'.

Mais la souffrance est tout autre chose, d'immensément plus respectable, tout simplement parce qu'elle est humaine. Elle fait partie de la vie de celui qui souffre (indépendamment des moyens légitimement pris pour soulager la douleur et extirper – si possible – le mal). Elle est l'expression d'un pan de notre humanité atteinte par un mal. La respecter ne signifie pas s'y complaire, mais accepter qu'elle soit là comme 'partie de notre vie', 'partie de nous-mêmes', véritable chemin possible de découverte d'un aspect de nous-mêmes que nous n'aurions peut-être jamais souhaité connaître. La souffrance devient un possible chemin de vérité sur soi... et de connaissance de Dieu.

Pourquoi Dieu ne guérit-il pas tous les malades ?

Pourquoi permet-il le mal, pourquoi laisse-t-il la maladie 'gagner du terrain' chez tant de nos contemporains ?

Pourquoi laisse-t-il la souffrance toucher tellement de personnes ?

Je crois ces questions sans réponse, parce que la seule véritable réponse réside dans une sagesse qui nous dépasse infiniment, vers laquelle nous tendons peut-être, mais que nous n'atteindrons jamais sur cette terre. Et le Seigneur, dans cette même sagesse, ne souhaite pas que nous nous posions – et que nous Lui posions – des questions qui se retournent contre nous du fait de notre impossibilité à leur apporter une réponse.

N'aie plus peur, aie confiance !

Le Seigneur attend plutôt de nous la confiance, cette confiance filiale qui nous fait préférer sa volonté et non plus la nôtre.

> Au mois de juin 2000, j'avais été invité au Brésil, à Fortaleza (plus de deux millions d'habitants) pour animer trois jours de formation au 'ministère de guérison'. Quelques milliers de personnes s'étaient déplacés pour l'occasion, et après quelques enseignements, je leur avais proposé de 'passer aux travaux pratiques', c'est-à-dire de prier pour les malades, dans la foi. Je ne sais si le tempérament sud-américain favorise l'accueil des dons de Dieu. Toujours est-il que le Seigneur avait accordé beaucoup de signes de guérison cet après-midi-là, tout spécialement des guérisons physiques, jusqu'à ce tétraplégique sous respirateur artificiel, grabataire et en situation très difficile à son arrivée, et qui commençait à mouvoir ses membres…
> À la fin de la prière, j'étais dans les vestiaires (le rassemblement avait lieu dans un stade, comme beaucoup d'autres manifestations au Brésil !) pour me reposer quelques instants. Le service d'ordre avait bien des difficultés à contenir les personnes qui souhaitaient prier encore…
> Soudain la foule s'écarte, dans un mouvement de crainte que je ne compris que plus tard : on amenait un lépreux, porté aux épaules par deux amis. Cet homme d'une soixantaine d'années n'avait plus de mains, ni de pieds… et il était, en plus, atteint d'un cancer de l'intestin. Il avait fait trois mille kilomètres (en train) pour venir. C'était bouleversant…
> Les gens alentour regardaient de loin, tenus à distance par leur peur de la contagion. Je l'ai pris par les épaules et nous avons prié ensemble, accompagnés par les deux 'porteurs'. Nous savions bien, sans rien dire, que ce n'était pas la guérison qu'il fallait demander. Pourquoi ? J'avoue que je n'en sais rien ! Le Seigneur l'attirait vers un autre chose, que j'avais bien du mal à préciser. Le lépreux le savait d'ailleurs bien mieux que moi ; cela ressemblait à quelque chose comme la paix dans la souffrance. C'est en ce sens que nous avons prié, et qu'il est reparti, manifestement

joyeux... et dans une 'proximité' de Dieu comme on n'en perçoit (le sens est le même mais à l'écrit ça 'passe' mieux) que trop rarement dans les pays moins 'défavorisés'... La souffrance est un mystère, qui n'est pas l'ennemi de la guérison !

Puissance divine et puissance humaine

Un mot-clé perturbe notre intelligence spirituelle quant à la souffrance et à la guérison, s'il est mal compris (ce qui est souvent le cas), celui de puissance.

Qu'est-ce que la puissance de Dieu ? Parler d'un Dieu tout-puissant revient, dans nos mentalités, à évoquer un Dieu à qui rien, ni personne ne peut résister, un Dieu qui fait ce qu'il veut au nom de sa domination sur les hommes, un Dieu fort qui nous renvoie à notre faiblesse. Dans le langage profane, l'expression 'amour puissant' est une contradiction en soi. Les deux mots s'excluent l'un l'autre. On ne peut aimer authentiquement et manifester en même temps de la puissance. Qu'est-ce alors que cette toute-puissance d'amour du Dieu de Jésus-Christ ?

Quand il est question de puissance, au sujet du Dieu de la Bible, l'attribut concerne la capacité que Dieu se donne d'intervenir dans la vie des hommes en vue de les sauver, de les délivrer du péché et de la mort. Le grec biblique utilise le mot *dunamis*, qui traduit la puissance propre à Dieu seul, c'est-à-dire la manière par laquelle seul le Seigneur peut exercer sa puissance : il intervient, concrètement, pour manifester qu'Il est là, soucieux de chacune de ses créatures, désireux de les chercher, de les aider, de les sauver.

Toutefois, ses interventions, si elles prennent forme concrète au sein de l'existence humaine, ne sont pas spécialement des démonstrations exemplaires d'un maître implacable, d'un dictateur ou d'un démiurge. Elles manifestent de multiples manières l'amour fou dont Dieu aime l'homme.

Un acte de puissance divine – sans doute le plus grand – réside dans le sacrifice d'amour du Christ sur la croix. Dieu est puissant quand il manifeste clairement son amour, jusque dans la souffrance ou dans la faiblesse.

Cette mystérieuse puissance de Dieu n'est totalement puissance que si nous la recevons comme un don, proposé par l'Esprit Saint. Voilà de quoi nous faire réfléchir sur la 'vraie' puissance de Dieu qui se mesure moins à la capacité de son amour qu'à notre accueil confiant de sa miséricorde. Il semble bien qu'en Dieu, puissance et faiblesse soient conjuguées d'une façon qui dépasse notre intelligence.

La toute-puissance de Dieu est révélée pleinement en Jésus-Christ. L'humilité du Christ a plus de puissance que la force des hommes : *« La faiblesse de Dieu est plus forte que les hommes. »* (1 Co 1, 25) Le langage de la croix est la puissance de Dieu qui frappe de vanité toute la force du monde. C'est ainsi que nous avons notre avenir, notre espérance et notre persévérance en Dieu seul.

Si Dieu donne la grâce, sa puissance éclate dans la faiblesse de la nature humaine. Cette faiblesse n'est-elle pas davantage présente dans la maladie ou dans la souffrance ? Pourquoi alors s'étonner que le Seigneur vienne au-devant de cette faiblesse humaine pour faire acte de puissance divine, lequel ne sera pas forcément acte de guérison, mais toujours visitation d'une souffrance.

> Christophe est aveugle depuis l'âge de trois ans. L'explosion d'une bouteille de gaz l'a défiguré, et a surtout détruit ses yeux. Animé d'une farouche volonté de vivre, il a pu faire des études et devenir professeur de musique. Il est marié depuis cinq ans avec Céline, malvoyante, violoncelliste de métier. Ils ont un enfant de quatre ans qui fait leur joie.
> Christophe a longtemps supplié le Seigneur pour recevoir la guérison de ses yeux, et rien n'est venu… tout au moins au plan clinique. Il y a dix-huit mois, nous discutions ensemble au sujet de son handicap, et de celui de sa femme. Je lui demandai s'il souhaitait que l'on demande encore au Seigneur la guérison.
> « Tu vois, Philippe, m'a-t-il répondu, j'ai beaucoup réfléchi avec Céline depuis la dernière fois que l'on a prié pour nous. J'étais un peu amer de ce que le Seigneur ne semblait pas faire attention à nous. Mais nous nous sommes rendus compte qu'il avait pris soin de nous autrement que ce que nous souhaitions, et que c'était mieux ainsi. Nous avons découvert son amour d'une manière profonde et pacifiante, sans doute bien plus que si nous avions été guéris. Et nous vivons avec lui des choses fortes qui nous échapperaient, tels que nous nous connaissons, si nous avions une vie 'normale'. Nous sommes fragiles à cause de notre

handicap, mais nous avons appris à être heureux ; nous ne voulons pas demander la guérison. »
J'étais très ému, et nous nous sommes quittés avec le sentiment d'une joie inexplicable et très douce. Christophe goûtait déjà à une certaine sagesse !

La puissance de Dieu est donc proportionnée à l'accueil que nous faisons de son amour. Plus nous nous laissons aimer de lui, plus nous allons vers lui, plus nous lui permettons d'être puissant à notre égard. Cette réflexion nous aide à comprendre un aspect des guérisons de l'Évangile. On s'appuie souvent sur l'Écriture pour affirmer qu'au sujet des malades rencontrés, Jésus les guérissait tous. Il y a là mauvaise interprétation des Écritures. Jésus n'a pas guéri tous les malades de Palestine ou d'ailleurs. En revanche, il a guéri beaucoup de malades qui venaient à lui, ou qu'on lui amenait. La précision est essentielle, car elle nous livre une clé de compréhension de la sagesse divine concernant la guérison.

Venez à Lui

« Venez à moi, vous tous qui peinez et ployez sous le fardeau. » (Mt 11, 28) L'Évangile tente de nous sensibiliser à l'importance d'aller à Jésus – ou de se faire porter vers lui – pour s'exposer à sa 'puissance' d'amour et recevoir la grâce que nous lui demandons, mais qu'il ne convient pas de demander 'à distance', c'est-à-dire sans disposition intérieure d'accueil et de confiance.

Venir à lui, d'abord dans la prière, bien sûr, ou aussi se laisser porter vers lui par d'autres, si l'on n'ose pas encore prier, si l'on n'ose pas encore croire, ou si l'on se sent trop faible dans la foi, tel est le secret du jaillissement de la puissance du Christ ressuscité.

Rappelons-nous les dialogues de Jésus avec de nombreux malades des Évangiles, dans le but de susciter en leur cœur un accueil, une plus grande confiance. Souvenons-nous de ce récit de la guérison du paralytique anonyme (Luc 5) porté par des amis et dont il n'est rien mentionné quant à sa foi ou son dialogue avec Jésus. En revanche, c'est bien sûr le constat de la foi des porteurs de la civière que le Seigneur va le guérir, manifestant ainsi, une fois de plus, sa puissance, pour le bien du paralytique, mais aussi de tous ceux qui l'entouraient et qui l'ont vu se lever...

Le Christ veut exercer sa propre puissance sur les malades qu'on lui apporte, ou qui viennent à lui, aujourd'hui comme il y a deux mille ans. Mais dans quelle disposition d'accueil sommes-nous ?

> Thérèse est religieuse apostolique et souffrait de mal voyance de plus en plus sérieuse du fait d'une cataracte bilatérale qui diminuait sévèrement sa fonction visuelle. En septembre 1995, lorsqu'elle vient participer à la prière de guérison de la Communauté des Béatitudes à Cordes, elle ne voit plus rien, quoique dotée de fortes lunettes, et est contrainte de se faire guider par une de ses sœurs. Bien que religieuse, elle n'est pas intéressée par la prière pour les malades, ne croyant pas à la dimension de guérison dans les Écritures. Mais on lui a parlé de ces célébrations et une amie a voulu l'y emmener. Bon gré, mal gré, elle est venue 'à la prière charismatique' avec, comme seule crainte, celle d'être reconnue par des personnes de son entourage. Malgré son handicap visuel sérieux, le souci de sa réputation semble primordial.
>
> Elle entend les chants, les prières, et se dit que, décidément, elle ne sait pas ce qu'elle vient faire là... jusqu'au moment où une parole de connaissance est donnée depuis l'équipe d'animation. « Une religieuse de cinquante-quatre ans – c'est justement l'âge de Thérèse – qui ne voyait plus depuis deux années est en train de recevoir une guérison de ses yeux. Elle pourra constater dans quelques minutes qu'elle commence à voir distinctement. »
>
> Sa première réaction est de déplorer ce 'genre de cinéma'. Mais une sensation de fraîcheur gagne ses deux yeux. Elle se frotte le visage, avec l'impression de mieux distinguer les gens autour d'elle. Les minutes passent et l'impression se confirme : elle voit mieux, c'est sûr ! À la fin de la prière, au sortir de la chapelle, elle constate – sans le dire à quiconque – qu'elle voit bien à présent. Son amie l'aide à monter dans la voiture, mais elle lui dit qu'elle n'en a pas besoin. « Que se passe-t-il ? Tu es guérie ? »
>
> Thérèse reste interdite. Elle ne peut pas accepter cette vérité... elle racontera plus tard que le voyage de retour fut une grande souffrance intérieure pour elle car elle remarquait que ses yeux faiblissaient à nouveau, progressivement. Arrivée dans sa communauté, une heure plus tard, elle avait récupéré son handicap visuel, la mort dans l'âme.
>
> Thérèse passa une fort mauvaise année, partagée entre le regret de ne pas avoir pris au sérieux l'évènement et la révolte vis-à-vis d'un Dieu qui paraissait jouer avec les siens. Ce n'est qu'un an plus

tard qu'elle osa revenir à la célébration mensuelle pour les malades, en septembre 1996. Sa vue s'était encore aggravée, et son cœur ruminait une amertume secrète. Personne ne la connaissait dans l'assemblée (à l'exception de sa conductrice), et cette fois, elle décide de participer vraiment à la prière, suppliant le Seigneur de lui pardonner son manque de confiance.
Une parole de connaissance retentit dans le micro, la laissant stupéfaite : « Une religieuse qui souffre des yeux et avait été guérie ici même il y a un an, mais qui avait douté de sa guérison est à nouveau visitée par le Seigneur aujourd'hui. Elle est invitée à renouveler le don de sa vie au Christ et à entrer dans une confiance plus grande en sa guérison. » Thérèse se redresse et répond intérieurement : « Seigneur, aujourd'hui je crois en toi. » Au sortir de la chapelle, elle voyait sans problème, et sa guérison se prolonge jusqu'à présent. Et sa vie religieuse est transformée, au grand étonnement de ses sœurs…

La puissance du Seigneur est sans limite et lorsqu'elle correspond à des faiblesses particulièrement prononcées de la nature humaine, elle peut se traduire parfois par des signes de guérison dépassant les critères d'intelligibilité de l'homme et que l'on peut qualifier de miracles, même s'ils ne présentent pas tous les critères permettant leur 'homologation officielle'. De toute façon, miracle ou simple guérison, ce sont toujours des signes de la miséricorde divine.

Un évènement pour moi impressionnant fut la guérison de Florence, à l'Île de la Réunion, en janvier 2000. Au cours d'une célébration eucharistique (en plein air) suivie d'une prière pour les malades, l'Esprit Saint avait guidé l'intercession vers les personnes souffrant au niveau des oreilles. Déjà fortifiée par des témoignages étonnants, l'assemblée priait avec foi, et l'on pressentait que le Seigneur n'avait pas fini de nous surprendre.
Je savais qu'un des risques de la prière de guérison est de se lasser de prier une fois que le Seigneur a commencé visiblement de toucher les âmes ou les corps, comme si Dieu était avare de ses dons et qu'il convenait de ne pas demander trop – ou trop longtemps – au Seigneur. Une telle considération est tout à fait éloignée de la pédagogie divine en matière de guérison lors d'une assemblée de prière. Je me rappelle souvent cette formule du P. Regimbal, ami personnel et religieux trinitaire du Québec, ayant pratiqué abondamment le charisme de guérison : « Notre Dieu est le Dieu de midi moins cinq ! » …Manière d'exprimer que les plus belles grâces accordées par le Seigneur sont reçues

dans les derniers moments d'une célébration… et peut-être même juste après.
À l'inverse, si les signes de guérison ne semblent pas être donnés au bout d'un certain temps d'intercession, il est préférable – à mon sens – de ne pas insister auprès du Seigneur et d'orienter la prière dans une autre direction que la guérison.
J'exhortais donc la foule à grandir dans la foi, à ne pas cesser de prier avec confiance et à se laisser renouveler dans la louange, laquelle est la meilleure arme contre la lassitude spirituelle. L'Esprit Saint fut invoqué spécialement sur les personnes atteintes de problèmes d'oreille, et le Seigneur commença à opérer, comme à son habitude, des merveilles dans l'assemblée. Beaucoup d'hommes et de femmes venaient vers le podium pour déposer à l'autel les appareils acoustiques dont ils n'avaient plus besoin, tandis que d'autres donnaient un bref témoignage de leur guérison au micro, et tout le peuple chantait les louanges du Seigneur.
L'ambiance était à la fête, mais il était temps de terminer cette prière pour les malades, qui avait duré plus de quatre heures. Je remarque une femme d'une bonne trentaine d'années tenant à la main une fille de douze ans environ, aux longs cheveux roux. Elle s'approche de moi et me dit toute tremblante : « Elle entend ! » Nous avions déjà accueilli des témoignages sur le sujet et j'invite cette femme à retourner à sa place en rendant grâce dans son cœur.
Elle insiste en ajoutant : « Vous ne comprenez pas… elle entend ! » Intrigué, je lui demande ce que je ne comprenais pas, et elle soulève les cheveux de sa fille : celle-ci n'avait pas d'oreille ! Sans doute une malformation congénitale avait empêché le développement de l'oreille et seul un petit résidu de pavillon était visible, sans conduit auditif, sans oreille normale. Et pourtant – j'ai pu m'en assurer – la jeune fille entendait par cette oreille absente.
Le plus surpris fut sans doute moi-même, et j'avoue avoir été bien conforté dans ma foi au constat de ce 'petit' miracle…

À Dieu, rien n'est impossible, quoique les plus grands signes de son amour ne soient pas nécessairement les plus visibles, mais plutôt ceux qui touchent le cœur de l'homme auparavant aveuglé quant aux miséricordes du Seigneur.

La souffrance, chemin de guérison ?

Je souhaiterais cependant clore ce chapitre en insistant sur la puissance de Dieu qui peut aussi se manifester dans la souffrance humaine, à tel point que l'on peut considérer la souffrance comme un chemin de guérison, une guérison qui touche immédiatement au cœur, c'est-à-dire au but même de tout signe de guérison.

Une réserve est nécessaire : ce n'est pas n'importe quelle souffrance qui peut devenir chemin de guérison spirituelle, mais seulement celle qui ne se ferme pas à la présence de Dieu dans l'existence, celle qui ne se révolte pas contre le Seigneur comme s'il en était responsable, celle qui ne rumine pas l'amertume à l'égard d'une ou plusieurs personnes jugées comme coupables envers nous. Je parle donc ici de ce que l'on nomme la souffrance ouverte, celle qui, tout en étant vécue avec son caractère douloureux (quoi que la médecine propose au niveau thérapeutique), 'donne sa chance à Dieu' d'en faire un chemin de croissance, une perspective de paix profonde, une école de don de soi dans et par la souffrance même.

Ainsi, contre toute attente, mais avec le seul secours de la foi au Christ mort et ressuscité, la souffrance peut devenir guérison...

> C'était en 1987, lors d'un pèlerinage charismatique à Lourdes, qui regroupait vingt-deux mille personnes. Une célébration de prière pour les malades était prévue en soirée, en présence de plusieurs évêques, et l'on m'avait demandé d'en coordonner l'animation en tant que diacre et médecin. Les malades en fauteuil roulant – ils étaient environ deux cents – avaient été placés en avant de la foule. Après la lecture de la Parole de Dieu et son commentaire commence la prière charismatique d'intercession. Soudain, un homme d'une cinquantaine d'années, Joseph, se lève lentement de son fauteuil, se tient debout, d'abord avec l'aide d'un proche, puis seul... et commence à marcher, vacillant au départ, puis de plus en plus ferme sur ses jambes. Exultation et action de grâce dans l'assemblée. Le lendemain, il trottinait librement dans les sanctuaires et était invité au bureau des constatations médicales de Lourdes.
>
> J'appris en fin de célébration qu'il était atteint d'une maladie compressive de la moelle épinière, non opérable, qui engendrait une paralysie totale des deux jambes, et ce, depuis neuf ans. La guérison corporelle était évidente et beaucoup furent édifiés dans leur foi par ce témoignage.

De mon côté, une question m'habitait, lancinante : « Et les autres, Seigneur, que fais-tu de leur souffrance ? »
Deux mois plus tard, je reçois la visite d'un inconnu, lui aussi en fauteuil roulant. Sa femme et ses trois enfants l'accompagnaient. Il s'appelait Robert et avait quarante-neuf ans. Atteint d'une dégénérescence de la moelle épinière, il était condamné par la médecine et le savait... Il me dit en substance : « Je vais sans doute bientôt mourir, mais je voulais vous dire une chose : j'étais à Lourdes lors de la célébration pour les malades, juste à côté de Joseph. Je l'ai vu se lever et j'étais content de ce qui lui arrivait. Je ne suis pas jaloux. J'ai senti couler en moi une grande force intérieure. Depuis, je ne vis plus ma maladie de la même manière et je suis en paix. Quand je suis arrivé à Lourdes, ma femme était sur le point de me quitter, tellement j'étais devenu insupportable. Mes enfants se faisaient la guerre et se déchiraient les uns les autres. J'étais terriblement malheureux, dans une souffrance indescriptible à cause de tout cela.
Après la prière pour les malades, je n'ai senti aucune amélioration de ma maladie, mais ma femme s'est jetée dans mes bras et m'a dit qu'elle m'aimait et qu'elle ne me quitterait pas. En rentrant chez nous, mes enfants nous attendaient. Ils se sont mis à genoux, à côté de mon fauteuil, et ils m'ont demandé pardon, ensemble. Vous vous rendez compte ?
Je ne suis pas venu aujourd'hui pour que vous priiez pour ma guérison, mais pour que nous rendions grâce ensemble. »
Trois mois plus tard, Robert rejoignait le Seigneur, dans un climat de paix bouleversant. Joseph avait obtenu une grâce de guérison... et Robert aussi !

Certains osent dire que la grâce d'une souffrance qui s'ouvre à Dieu, à l'amour, à la paix, à la vie, est une forme de guérison. J'aurais tendance à cautionner une telle affirmation, qui bouleverse bien des clichés reçus, bien des contradictions sans fondement.

Et s'il fallait parler ici de miracle, je ne sais si c'est le témoignage de Joseph, ou celui de Robert qu'il faudrait avancer...

7

Où et comment prier pour la guérison ?

La question fascine un grand nombre, mais est-elle posée dans leur cœur de manière juste ?

Trop souvent, on souhaiterait 'savoir' prier pour les malades, ou pour un seul, ou pour soi-même en tant que souffrant, en misant sur la formulation de la prière, comme si cette dernière en assurait en elle-même l'efficacité.

Ainsi, à la question : « Existe-t-il des prières 'qui marchent' pour la guérison ? », il faut immédiatement répondre non ! Il n'y a nulle 'recette' en ce domaine. C'est pourquoi il faut bannir toute attente magique dans le choix d'un mode de prière pour un malade. Ce n'est jamais la formulation de la prière en elle-même qui détient un quelconque 'pouvoir de guérison'.

Certains objectent au sujet du sacrement des malades que l'onction d'huile détiendrait en elle-même la puissance de guérison et parlent volontiers – consciemment ou non – de 'magie du sacrement'. Rien n'est cependant plus faux et la confusion en ce domaine incite fréquemment le chrétien à des attitudes superstitieuses en matière d'intercession. Si le sacrement des malades recèle une puissance de guérison, ce n'est pas en lui-même, mais par la foi de l'Église qui assure le fondement de son action dans les âmes et les corps. Rien de magique en tout cela...

> Je rencontrai Maryse pendant l'été 97, accablée de tristesse : son médecin venait de lui annoncer que sa maladie polykystique des ovaires était devenue incurable et qu'il lui fallait renoncer à avoir des enfants. Mariée depuis six années, âgée de vingt-neuf ans, elle et son mari attendaient impatiemment de devenir parents. Mais

ses ovaires n'avaient jamais bien fonctionné et portaient souvent des kystes très douloureux qui empêchaient toute grossesse de se développer. Les traitements hormonaux s'étaient succédé, avec plus ou moins de bonheur, et Maryse n'avait jamais pu être enceinte.

« Philippe, fit-elle, les yeux remplis de larmes, je ne sais plus que faire. J'ai beaucoup prié avec mon mari, j'ai récité une prière à saint... chaque matin, j'ai été voir un guérisseur très chrétien qui m'a dit que je guérirai grâce à son fluide ; mon mari et moi avons fait ensemble trois pèlerinages, j'ai même demandé à un prêtre une prière de délivrance, qu'il a accepté de me faire... et aujourd'hui les médecins me disent qu'il n'y a plus aucun espoir. J'ai pourtant fait tellement de prières ! Pourquoi Dieu n'écoute-t-il pas ma demande ? »

Sa souffrance était bouleversante, et le désir premier de mon cœur – désir bien humain – fut de la consoler, de lui suggérer que tout n'était peut-être pas perdu, que d'autres traitements existaient sans doute et qu'il serait sans doute bon de consulter un autre spécialiste.

Mais je me ravisai, ayant à cœur de dialoguer avec elle sur un registre différent.

« Vous avez fait beaucoup de prières, mais avez-vous demandé simplement, comme un enfant demande à son père ? »

« Que voulez-vous dire ? Je suis croyante et j'ai prié Dieu pour qu'il m'accorde un enfant... »

« Je ne doute pas que vous avez voulu prier, Maryse, mais avez-vous demandé cette grâce au Seigneur avec simplicité, sans vous laisser encombrer le cœur et la foi par des préjugés inutiles ? Cela arrive souvent quand quelqu'un prie le Seigneur avec un cœur habité par la peur ou le doute. La peur de ne pas être entendu de Dieu nous voile la confiance. Elle est l'ennemie de la véritable prière de demande. Elle conduit même parfois à des attitudes superstitieuses vis-à-vis de Dieu... alors, c'est comme si nous bouchions nous-mêmes les oreilles du Seigneur pour qu'il n'entende pas ce que nous lui demandons. »

Maryse ferma les yeux et réfléchit longuement.

« C'est vrai, reprit-elle, j'ai toujours eu peur quand j'ai prié, même si je ne m'en rendais pas compte. En fait, j'ai plus le souci de faire quelque chose pour mériter ma guérison que de demander simplement une grâce au Seigneur... Pensez-vous qu'il veut me guérir maintenant ? »

« Je ne sais pas s'il veut vous guérir, mais je pense qu'il attend que vous lui exprimiez votre désir avec plus de confiance et moins de peur. »

« Mais je ne sais pas comment avoir moins peur ! »
« On a moins peur quand on décide de faire confiance gratuitement, sans mettre de condition, sans dire à Dieu : je te fais confiance si d'abord tu m'accordes ce que je veux. »
« Voulez-vous prier avec moi, s'il vous plaît ? »
Nous nous sommes agenouillés ensemble, sur place, devant une icône, et avons invoqué le Seigneur. J'ai improvisé une prière de confiance que Maryse a reprise, et qu'elle a continuée seule. L'Esprit Saint lui faisait vivre sur l'instant une expérience spirituelle forte, lui donnant de découvrir de l'intérieur la disposition de foi toute simple en laquelle son âme pouvait se tenir en présence de Dieu. Je la laissai dix minutes plus tard, toujours absorbée dans la prière, car on m'appelait pour une autre tâche.
Je ne sais si la maladie polykystique des ovaires a été guérie, mais trois mois après, je recevais d'elle une lettre m'annonçant qu'elle était enceinte. L'un de ses deux ovaires, au moins, s'était mis à bien faire son travail ! Inutile de vous préciser la grande action de grâce que contenait la lettre de Maryse…

La première réflexion liée à ce témoignage est qu'il ne faut pas d'abord chercher la forme de prière qui 'fait recette'. Un tel état d'esprit signifie que l'on ne sait pas, ou que l'on n'ose pas demander au Seigneur. La prière de demande est pourtant centrale dans la vie spirituelle du chrétien. La prière que Jésus a enseignée aux siens, et que l'Église reprend à chaque Eucharistie, n'est-elle pas le « Notre Père », essentiellement prière de demande au Père du ciel, au nom de Jésus et dans l'onction du Saint Esprit ?

Demandez et vous recevrez

On ne sait pas assez demander avec la confiance d'un enfant ; alors on se trouve des palliatifs, des 'trucs' spirituels, des démarches émotionnelles, des élans sentimentaux qui ne sont pas mauvais en soi, mais dont le sens ne coïncide pas avec une attitude de confiance en Dieu en laquelle nous sommes appelés à grandir. On va même parfois jusqu'à compromettre la prière avec des pratiques obscures, voire ésotériques, comme : prier avec une amulette, un 'objet-fétiche' ou un pendule dans la main, recourir à des méthodes de voyance pour (soi-disant) fortifier la prière, prier dans une période 'favorable au plan astral', etc.

L'amalgame est plus que regrettable et conduit à des égarements quant à la foi fort dommageables. La prière de demande n'est jamais un cocktail de divers recours, aux apparences spirituelles variées. Elle consiste en un dialogue paisible, parfois douloureux (du fait d'une souffrance importante), avec quelqu'un de précis qui a nom Jésus et en qui on peut avoir simplement et totalement confiance.

Demander à Dieu dans la prière, cela s'apprend... par l'expérience de la prière elle-même, et non pas dans les manuels de théologie. C'est en étant confronté à la nécessité de demander au Seigneur que l'on apprend effectivement à Lui demander, dans une démarche intérieure où l'on se rend transparent de ce que l'on est, de ce dont on croit honnêtement avoir besoin, de ce qui nous fait vraiment souffrir. La prière de demande dans la confiance implique toujours une certaine 'mise à nu' devant Dieu de notre propre personne, et cela me semble important de le souligner. Cette mise à nu concerne d'ailleurs aussi bien le malade qui demande sa guérison que le priant qui intercède pour un ou pour d'autres souffrants, qu'il ait ou non un charisme de guérison.

Adapter la prière de guérison à son contexte

Il existe d'assez nombreux contextes de prière pour la guérison, et il convient de les bien distinguer pour apprendre à 'se comporter d'une manière juste et digne' en présence de Dieu qui fait miséricorde... et peut guérir.

Le premier contexte peut être d'ordre liturgique. L'« Instruction sur les prières pour obtenir de Dieu la guérison », rappelle l'existence des prières de guérison figurant dans les livres liturgiques approuvés par l'autorité compétente de l'Église. On peut y adjoindre la célébration du sacrement des malades, déjà évoqué. Ces prières se célèbrent selon des rites précis qui doivent être respectés, justement parce qu'elles sont liturgiques et que, comme telles, elles témoignent de l'attention de l'Église elle-même vis-à-vis des souffrants.

Le second contexte est celui d'une prière pour les malades, plus ou moins improvisée, mais greffée sur la liturgie de l'Église, donc en assemblée. Il n'y a là rien de mal ou d'interdit. Il est parfois même conseillé d'organiser ce type de prière pour les malades, ceci étant justifié soit par l'inspiration du moment (si ce n'était pas prévu, à condition que l'opportunité soit clairement discernée avec le président de la liturgie), soit par le projet si des perspectives pastorales valables le justifient.

Mais dans tous les cas, et pour des raisons analogues à celles du premier contexte, la liturgie ne doit pas être déviée de son sens ou de sa structure de fond par une prière de guérison 'déplacée', parce que ne se vivant pas dans l'unité de la célébration.

Ainsi, par exemple, une prière pour les malades n'est pas recommandée durant le temps de postcommunion à la messe, ce qui doit être accepté sans craindre de nuire à la liberté de l'Esprit. Ce dernier ne sera aucunement froissé si une prière de guérison, jugée opportune sur l'instant, ne commence qu'une fois la célébration eucharistique conclue !

Tout est question de degré de valeur et de témoignage : une prière eucharistique (au sens large, c'est-à-dire la messe en son ensemble) est plus importante qu'une prière de guérison. J'aurais même tendance à dire, avec de nombreux théologiens, que la première est la source de la seconde.

Le P. Michel D., canadien d'origine, prêtre depuis quelques années, découvrait pour lui-même le charisme de connaissance. C'était dans le courant de l'année 1983, à Montréal. Auparavant, il en avait entendu parler – comme tout le monde au Québec à cette époque – et demeurait sceptique. Comment une personne pouvait-elle annoncer en public de manière prophétique le bien que le Seigneur avait l'intention de faire dans la vie d'une autre, afin que celle-ci ose accueillir la grâce de Dieu pour elle ? Il y voyait plutôt un piège de l'imagination et un risque de manipuler les groupes.
Un jour, ouvrant la célébration de l'Eucharistie, il reçoit une pensée inhabituelle, concernant un homme devant guérir d'une arthrose du cou. Il la chasse rapidement et se consacre au bon déroulement de la liturgie. Pendant la postcommunion, la pensée revient à la charge et le distrait à nouveau. Ne sachant que faire, son cœur battant à cent cinquante pulsations minute, il revient à l'autel et avant de lire l'oraison de communion, propose une brève prière pour ceux qui souffrent. La messe se termine, laissant ce prêtre intrigué.
Un homme le croise à la sortie de l'église et s'adresse à lui avec un grand sourire :

« P. Michel, vous faites du nouveau dans la messe, n'est-ce pas ? Votre intention pour les malades, c'était une bonne idée. »
« Ah ! vous croyez ? »
« Bien sûr ! Figurez-vous que ça faisait six mois que je ne pouvais pas bouger le cou parce qu'il était bloqué par une mauvaise arthrose ; et pendant votre prière, j'ai senti une chaleur à cet endroit et maintenant je peux le bouger sans douleur. »
Le P. Michel était sidéré... et dans les semaines qui suivirent, plusieurs évènements analogues lui confirmèrent que ce charisme de connaissance dont il se défiait, était là... Ce fut l'occasion d'un renouvellement de sa foi, mais aussi celle d'un manque de discernement et de prudence : il annonçait les paroles de connaissance immédiate qu'il recevait durant la messe à n'importe quel moment de la célébration. Les paroissiens commençaient à se lasser d'un tel déluge charismatique pendant l'Eucharistie. La question n'était pas de savoir si ces paroles de connaissance immédiate étaient vraies ou fausses, mais de proposer un charisme de manière équilibrée et pastoralement juste.
Heureusement pour lui, le P. Michel D. était humble. Il prit conscience de l'erreur dans laquelle il se fourvoyait et opta pour un comportement de sagesse (à mon sens) : il décida de ne plus pratiquer ce charisme (par ailleurs authentique) pendant les célébrations liturgiques afin de favoriser l'attention spirituelle des fidèles sur le déroulement de la messe, réservant ces temps de prière charismatique pour l'après-Eucharistie, à un rythme hebdomadaire. L'Esprit Saint est un esprit d'ordre et d'unité : il ne manifesta plus les paroles de connaissance chez le P. Michel durant la célébration, mais confirma par des signes de guérison étonnants le charisme prophétique de ce prêtre au long des temps hebdomadaires de prière pour les malades.

Un autre contexte possible pour la prière de guérison est de vivre celle-ci devant le Saint-Sacrement exposé. La question est controversée, certains argumentant à juste titre que l'exposition du Saint-Sacrement 'se suffit à elle-même' et ne peut, ni ne doit être 'instrumentalisée' par une prière de guérison. Il convient effectivement de garder la cohérence de la démarche proposée aux fidèles. L'adoration eucharistique appelle les croyants à... entrer dans l'adoration. Ceci n'a que les apparences d'une lapalissade. On ne peut pas faire 'n'importe quoi' devant l'hostie sainte exposée... autre évidence. Sinon, pourquoi l'exposer à l'adoration des fidèles ?

Pourtant, il existe certaines formes de prière pour les malades qui relèvent de l'adoration, au cours desquelles on ne demande pas spécialement au Seigneur de guérir. On aide plutôt, par une animation spirituelle de circonstance, confiée à un ministre ordonné,[10] à faire entrer les participants (et tout spécialement les malades) dans un élan intérieur de présence à Dieu, et donc d'adoration, où la personne n'a qu'à se confier simplement au Christ ressuscité, présent dans l'hostie sainte qui s'offre au regard des hommes.

> Au sein de l'œuvre Mère de Miséricorde, que j'ai eu la grâce de fonder en 1982[11] et qui regroupe à présent en France plusieurs milliers de personnes, nous proposons en divers lieux (le plus souvent des églises paroissiales) ce genre de prière, appelée « adoration pour la vie ». Elle n'est pas spécialement ordonnée à la guérison, mais plutôt à l'évangélisation d'une blessure de la vie, telle qu'évoquée plus haut et sur laquelle nous reviendrons. Toutefois, elle reprend le même principe : inviter les fidèles, surtout les plus 'blessés' à entrer dans un mouvement d'adoration devant le Saint-Sacrement exposé et se laisser visiter par la miséricorde divine. À la fin de ces temps d'adoration pour la vie, nous invitons les personnes ayant perçu en elles-mêmes, une grâce intérieure de 'guérison' ou de pacification à venir s'agenouiller au pied de l'autel, pendant que le prêtre bénit l'assemblée. Le nombre de ceux et celles qui viennent ainsi témoigner de grâces reçues durant ce temps d'adoration eucharistique est étonnant... Dieu aime visiter celui (celle) qui veut entrer en adoration, au-delà de ses attentes personnelles.

L'assemblée de prière

Un quatrième contexte de prière pour les malades est celui d'une assemblée de prière (charismatique ou non), au cours de laquelle on prend un temps d'intercession pour la guérison, ou bien qui peut être

10. Celui-ci pouvant 'déléguer son mandat de présidence' à un laïc, tout en étant présent pour témoigner d'une présence d'Église autorisée et vérifier le bien-fondé de ce qui est proposé aux fidèles.

11. Association catholique ayant pour vocation de défendre et promouvoir la dignité de la vie humaine de son début à son terme naturel, et s'ouvrant à une détresse particulière nommée blessure de la vie, ou encore blessure d'identité profonde liée à un traumatisme comme l'avortement provoqué, le viol, l'inceste, etc. Lire à ce sujet : « La blessure de la vie » Philippe Madre, Éditions des Béatitudes, 2001.

entièrement ordonnée à cette intercession. De tels rassemblements sont légitimes, et même préconisés dans la mesure où leurs organisateurs prennent soin de chercher un bon discernement ecclésial et spirituel, et évitent de cultiver un 'sensationnalisme' susceptible de griser les esprits et de faire perdre toute prudence – ce qui arrive plus facilement qu'on ne le pense. La présidence d'un ministre ordonné (si le lieu est une église ou un autre lieu sacré) est, là aussi, souhaitée, dans un légitime souci de discernement et de témoignage ecclésial. Pourtant, il semble que sur ce point, l'Instruction comporte une certaine carence. Vatican II promeut la place des fidèles laïcs dans la vie de l'Église et cela n'apparaît qu'insuffisamment dans cette Instruction. On se demande pourquoi la présidence de ces assemblées non liturgiques ne pourrait être confiée à un laïc, lorsque celui-ci en présente les aptitudes...

Cette présidence assure d'abord une fonction d'unité (et non spécialement de 'direction de l'assemblée'). Elle encourage les divers charismes éventuellement présents, afin qu'ils puissent s'exprimer de manière libre et mature, en fonction du sens de la prière de l'assemblée, qui est, en ce cas, une intention de prier pour les malades.

La première prudence, dans ce contexte, est de rechercher un climat de paix et d'attention à Dieu afin de favoriser chez les participants la véritable prière de demande (que nous préciserons bientôt) et l'écoute de la présence du Seigneur au sein de l'assemblée. *« Là où deux ou trois sont réunis en mon Nom, je suis là au milieu d'eux »* (Mt 18, 20). Si l'on osait, on pourrait prolonger ainsi cette parole du Christ, au sujet des assemblées de prière : « Dans la mesure où nulle agitation, nulle excitation excessive, nulle attitude indécente au plan spirituel ne trouble le climat de communion entre ses membres. »

C'est pourquoi, selon l'indication du document romain, il est nécessaire de proscrire, dans ce genre de contexte, l'hystérie, l'artificialité, le théâtralisme ou le sensationnalisme. Il a également raison de distinguer les prières d'exorcisme (ou de délivrance) des célébrations de guérison, car leur 'élan spirituel' se révèle fort différent. Il est classique qu'une prière de libération des 'forces mauvaises' au nom du Christ est susceptible d'être agitée ou bruyante et a besoin de discrétion pour trouver sa propre puissance.

C'était à Port-Gentil, une des grandes villes du Gabon, en avril 1998. J'étais de passage dans le seul groupe de prière charismatique du lieu, rassemblant plus d'un millier de personnes. Après une exhortation tirée de l'Évangile de la résurrection de Lazare (Jn 11), la prière pour les malades se déroulait avec de nombreux témoignages de guérison, spécialement pour ceux qui souffraient des yeux. Certaines parasitoses s'attaquent volontiers à la santé oculaire des gens de la région et le Seigneur visitait son peuple là où son corps était 'plus fragilisé'.

La joie, là encore, était palpable et la louange, typiquement africaine, était exultante, sans aucun débordement regrettable. Certes, quelques 'hurlements plus ou moins sérieux' avaient retenti dans l'assemblée, hystériques ou d'origine plus 'mauvaise', je ne savais. Le phénomène est fréquent dans les assemblées africaines (entre autres) et cela faisait longtemps que j'avais appris à ne pas m'en préoccuper pendant l'animation de la prière. Généralement, cela se calmait tout seul ; c'est ce qui s'était passé ce soir-là.

Mais l'ambiance changea quand un prêtre local décida, de sa propre initiative, de pratiquer une prière de 'libération des esprits mauvais' en public, et ce, de manière tonitruante, semblant vouloir démontrer par les décibels la puissance du Christ sur le Malin. La prière de l'assemblée devint un chaos indescriptible, où tous s'agitaient, où beaucoup hurlaient inutilement, attirant d'autres à faire de même.

Il convient de se défier des phénomènes psychologiques de foule !

La paix ne revint qu'avec difficulté, et non sans que je me sois mis quelque peu en colère face à ce genre de comportement durant une prière de guérison. Mais il ne restait cependant plus qu'à conclure la prière de l'assemblée, l'attention à Dieu s'étant comme volatilisée du fait de ces phénomènes.

Issue regrettable, contre-témoignage évident, même si le Seigneur avait accordé des signes de guérison. Leçon évidente (pour moi en tout cas) : il ne faut pas insérer de prière de délivrance ou d'exorcisme dans une assemblée de guérison.

L'accompagnement de guérison

Le cinquième contexte de prière de guérison est celui de la relation inter-personnelle : une personne, ayant ou non un charisme de guérison, prie avec foi pour une autre, souffrante, (si possible en sa présence), demandant pour elle au Seigneur une grâce de soulagement. L'intercesseur peut, dans cette prière, être accompagné par d'autres chrétiens, afin que cette prière vécue en communion fraternelle soit plus intense.

Ce temps de prière est généralement unique, occasionné par la demande d'un malade de recevoir la prière des frères. Toutefois, dans certaines circonstances, comme dans l'accompagnement spirituel d'un malade ou encore un cheminement de guérison intérieure, il sera recommandé de prier à plusieurs reprises, mais, le plus souvent avec une intention différente à chaque fois (nous examinerons plus tard la raison d'un tel conseil).

> Gérard, trente-huit ans, médecin, souffrait depuis sept années d'une angoisse de mort permanente, paralysant sérieusement son activité médicale et l'empêchant de faire des projets de vie. Il essayait, selon ses dires, chaque matin en se levant, de se préparer à survivre pour la journée. Le poids de l'angoisse était tel qu'il n'avait aucun autre but que d'essayer d'y échapper. Les traitements neurochimiques avaient une efficacité relative, mais occasionnaient des effets secondaires d'endormissement qu'il ne supportait pas, vu son métier. L'idée de mettre fin à ses jours était constamment présente, mais il s'y refusait par ailleurs.
>
> Croyant, il ne savait cependant pas en quoi la foi pourrait l'aider à s'en sortir. Il fut accueilli une semaine au château Saint-Luc, maison de la Communauté des Béatitudes ayant vocation thérapeutique chrétienne des difficultés psychologiques. L'accompagnement psycho-spirituel commença par un temps de prière de guérison avec deux membres de la Communauté, destiné à présenter au Seigneur la souffrance de Gérard et demander la grâce de la pacification.
>
> Mais un accompagnement de ce type est également fait de temps d'écoute, d'aide dans la relation d'ouverture, de conseil spirituel ou psychologique. L'un des premiers buts de ce dernier est la possible prise de conscience de certaines causes profondes de cette souffrance. Fruit de la prière et de l'écoute, une première prise de conscience se fit dans le cœur de Gérard durant le second jour : il se rappelait, non seulement au niveau du souvenir, mais aussi quant à la mémoire émotionnelle, ce sentiment d'avoir été abandonné par ses parents à l'âge de neuf ans du fait d'une cure en maison de repos, loin du domicile familial, proposée par la médecine de l'époque à cause d'une maladie infantile particulière. Bien entendu, objectivement, les parents de Gérard ne l'avaient jamais abandonné ; mais dans son cœur d'enfant de neuf ans, il avait vécu cette période comme un enfant abandonné

et demeurait – trente ans plus tard – dans le même sentiment profond de tristesse (au sens fort… c'est-à-dire une tristesse d'enfant, disproportionnée par rapport à la cause). C'est ce qu'on nomme en jargon un peu technique : une REB, une réaction émotionnelle (profonde) à une blessure. La REB – ici, de tristesse – une fois 'mise en lumière' dans la conscience de la personne, requiert une prière de guérison spécifique qui lui est ordonnée. L'équipe d'accompagnement, qui avait déjà prié initialement pour Gérard, se réunit à nouveau avec lui pour demander au Seigneur la guérison de cette REB, avec l'acquiescement et le concours spirituel de Gérard[12].

Deux jours après, toujours accompagné dans le même contexte, Gérard fit une autre prise de conscience : il se rappela soudainement avoir surpris ses parents en violente dispute – il devait avoir quatre ou cinq ans – pendant laquelle sa mère reprochait à son père d'avoir voulu garder cet enfant (c'est-à-dire Gérard) alors qu'elle ne le voulait pas, car il arrivait à un mauvais moment pour elle. En même temps que le souvenir, jaillit des profondeurs l'émotion de haine qui avait étreint Gérard lors de cette découverte fortuite… une haine toujours intacte à l'égard de sa mère, dont il n'avait jusqu'alors plus aucune conscience.

À nouveau, l'équipe accompagnatrice se réunit pour prier pour la guérison intérieure de cette REB de révolte vis-à-vis de la mère… prière dont le fruit premier (quelques heures plus tard) fut un désir, dans le cœur de Gérard, de pardonner à sa mère ce refus qu'elle avait eu de lui donner la vie, évènement passé pour celle-ci, mais toujours présent pour Gérard.

Trois temps de prière de guérison pour Gérard, choix posé par l'accompagnateur en fonction du cheminement de guérison intérieure que l'Esprit Saint suscitait manifestement.

À la fin de la semaine, Gérard – non encore totalement guéri – repartait dans une grande paix et une nouvelle motivation pour vivre. Deux mois plus tard, toute angoisse de mort avait disparu et l'heure des projets – tant attendue ! – se profilait à l'horizon.

12. Il est ici important de souligner que lors d'un accompagnement en guérison intérieure, il n'est pas conseillé de prier pour la guérison d'une blessure précise si la personne qui la porte ne souhaite pas la présenter au Seigneur dans un minimum d'ouverture à sa miséricorde… ce qui ne dispense pas de prier pour celle-ci 'plus globalement'.

Gratuité des dons de Dieu

Il existe un dernier contexte de prière de guérison, apparemment paradoxal : celui où la guérison précède la prière de demande. Nous sommes là dans une dimension spirituelle où la gratuité des dons de Dieu se fait plus flagrante à nos yeux.

On objectera que si guérison il y a effectivement, pourquoi parler alors de prière de guérison conséquente ? La réponse est simple, et déjà effleurée en début d'ouvrage : le Seigneur ne nous prend jamais pour des marionnettes ! S'il décide de guérir 'sans prévenir', c'est-à-dire sans attendre qu'une demande précise ait été faite auparavant, il nous traite cependant comme des fils et des filles. Ainsi souhaite-t-il qu'on lui demande ce qu'il vient de donner (ou qu'il est en train de donner). Inviter à demander ce qu'il donne déjà est sa façon à Lui de nous traiter comme ses enfants bien-aimés, et non pas comme des 'étrangers' vis-à-vis de son amour.

Pour une grâce de guérison déjà – ou en train d'être – reçue, le Seigneur attend d'abord notre demande, avant notre action de grâce. Il n'est malheureusement pas rare que ceux ou celles qui ont fait cette expérience oublient ou ignorent cela...

> Proche de la quarantaine, Jean est prêtre depuis dix ans et curé d'une grande paroisse à Toronto. Je l'ai rencontré lors d'une première tournée d'évangélisation au Québec, en 1979 et nous avons sympathisé. Son histoire est étonnante et il me l'a racontée en quelques phrases. Homme très actif, infatigable, excellent prédicateur fortement apprécié par les jeunes, il se donne pleinement et joyeusement à son ministère. Il met un certain temps à constater que depuis quelques mois, il se fatigue plus vite qu'auparavant. Des nausées le prennent de plus en plus souvent, la douleur hépatique est intense et il maigrit sérieusement. Des amis insistent pour qu'il consulte un médecin. Le diagnostic sera rapide : cancer primitif du foie. Exceptionnel à cet âge. Jugé inguérissable par la médecine. Le recours à des thérapies chimiques allongera son espérance de vie, mais bien peu. On lui donne encore six mois à vivre. C'est la consternation tout autour de lui.
>
> Beaucoup de personnes prient secrètement pour Jean, mais lui-même ne demande rien au Seigneur, si ce n'est que sa volonté se fasse. Il tente de garder encore son ministère sacerdotal, mais la

fatigue augmente, un ictère (jaunisse) de mauvais aloi apparaît, faisant augurer un terme de la maladie assez proche.
Un mois après la pose du diagnostic, Jean ne se lève que pour célébrer quotidiennement l'Eucharistie. Contacté par un groupe de prière charismatique pour que l'on vienne prier pour lui, il s'y refuse, sans trop savoir pourquoi.
Un jour où, fatigué plus que d'habitude, il dit sa messe péniblement, il ressent soudain une forte chaleur au niveau hépatique, en même temps que la douleur semble redoubler pendant quelques minutes. Puis la douleur diminue et il se sent « mieux un peu partout ». Revigoré, il termine sa messe dans une paix inhabituelle, sans trop comprendre ce qui lui arrive. Le lendemain, l'ictère a disparu, ainsi que les nausées. Dans les jours suivants, il récupère son appétit perdu et mange normalement, sans problème.
La médecine consultée est perplexe : le foie est redevenu normal et la santé de Jean est bonne, même si l'état général a encore besoin de se fortifier. Bref, il est guéri... et non pas seulement en rémission.
Jean n'avait pas participé à une prière de guérison de quelconque forme (quoique des chrétiens aient intercédé beaucoup pour lui). Mais il raconte qu'au moment où il a pris conscience que la guérison était là, un fort besoin de demander cette grâce de guérison lui est monté au cœur, comme s'il fallait que, par sa prière de demande, il 'retienne' la guérison, ou plutôt le 'passage de la guérison'. Il a aujourd'hui de grandes responsabilités dans l'Église et son ministère sacerdotal porte de beaux fruits pour l'unité du peuple de Dieu.

Son expérience et son témoignage ne peuvent que nous fortifier dans l'urgence d'oser demander au Seigneur... à condition que l'on accepte de reconnaître que l'on sait si mal demander comme il convient, et que 'l'art de demander' s'apprend sur le terrain de la prière, et parfois avec l'aide opportune d'un accompagnement spirituel.

8

L'art de demander à Dieu la guérison

À vrai dire, je ne sais si l'expression « art de demander » est appropriée. Toute demande faite à Dieu – et que Dieu écoute – ne peut être elle-même qu'une grâce providentielle, sorte d'inspiration de l'Esprit Saint au cœur de l'homme.

Ainsi vaudrait-il mieux parler de « grâce » que « d'art de la juste demande ». Cependant, la notion d'art évoque une potentialité intérieure à nous-mêmes qui a besoin de se déployer, de trouver son mode d'expression selon notre vocation et aussi notre personnalité propres.

Il ne sera donc pas question dans ce chapitre des prières liturgiques pour la guérison, ni de celles – non liturgiques – que nous aurions envie de connaître dans leur formulation, pour s'assurer que la prière de guérison est valide et – pourquoi pas – prometteuse.

La demande à Dieu est bien un art avant de devenir, pour certains, une expression codifiée. Elle est sous-tendue par un esprit, avant de correspondre à certaines lois spirituelles, selon leur formulation. Cet esprit sous-tendant la prière de demande est l'esprit filial, présent au cœur de tout homme, de toute femme, dans la mesure où il n'est pas trop étouffé par des habitudes psychologiques ou des tendances affectives encombrantes. Par habitude ou tendance affective encombrante, j'entends ici ce qui contribuerait à nourrir en nous certaines formes d'égocentrisme envahissantes, et dont on n'a cependant peu ou pas conscience.

La demande filiale

L'acquisition (fort progressive) de cet esprit filial nous est une expérience mystérieuse, dont le Christ nous offre un éminent exemple, autant qu'un magnifique témoignage, dans cette prière de confiance filiale qu'il adresse au Père concernant son ami Lazare qui est mort et qu'il s'apprête à ressusciter. Pour la bien saisir en la profondeur qu'elle mérite, il faut se rappeler que Lazare est encore mort à l'instant où Jésus la formule à son Père.

« Père, je te rends grâce de m'avoir exaucé. Je savais bien, moi, que tu m'exauces toujours ; mais je parle ainsi pour cette foule qui m'entoure, afin qu'ils croient que tu m'as envoyé. » (Jn 11, 42)

Nous ne sommes pas Jésus, nous ne sommes pas Dieu, nous ne sommes pas des saints, pas même de véritables priants, pas même suffisamment convertis au Christ pour lui ressembler au moins un petit peu. Alors, pourquoi choisir l'exemple qui nous paraîtra le plus inaccessible ? La réponse est claire : nous avons reçu le Saint-Esprit, qui fait de nous des fils et des filles de Dieu, adoptés en Jésus-Christ, mais devenus réellement fils, donc dépositaires de cet esprit filial auquel notre nature pécheresse résiste peut-être, mais que la grâce de l'Esprit active en nous. Ce « devenir fils de Dieu » n'est pas un titre honorifique, qui ne nous changerait pas dans le fond. Il s'agit d'une « nouvelle identité » dont nous sommes revêtus et que nous pouvons expérimenter dans notre existence d'homme ou de femme.

Ainsi, la véritable prière de demande de guérison ne pose pas la question du « comment faire ? », mais du « comment être ? » Ce « comment être » induit trop souvent un regard sur soi, une inquiétude du genre « suis-je bien comme il faut… suis-je bien à ma place ? ».

La vraie question est celle du « comment être en présence de… ? ». Ainsi est rappelée une notion essentielle : quand on demande, on ne se préoccupe pas de nous-mêmes, car c'est en rapport à la présence d'un autre que s'exprime notre prière.

Mais en présence de qui ? C'est là le secret de la demande : en une double présence, celle de Dieu, à qui je demande… et celle du malade pour qui je demande.

Nous avons vu qu'il existait bien des manières de prier pour la guérison, et bien des contextes pour le vivre, selon l'occasion qui nous est donnée, selon le charisme reçu, selon la forme du ministère éventuel qui nous est confié par l'Esprit Saint dans l'Église. Mais cette grande diversité demeure traversée par une priorité : si tu pries en demandant la guérison, te disposes-tu à rester en présence de Dieu, et demeures-tu attentif à ce malade pour lequel tu pries ?

La conscience de se trouver en présence du Seigneur, en ce moment même, est préalable à toute demande. C'est cette conscience qui va ouvrir une fécondité à la prière, et peut-être aussi une inspiration, qui permettra de savoir mieux quoi demander à Dieu. C'est pourquoi la prière de guérison suppose une vie de prière 'normale', habituelle, à travers laquelle on se familiarise simplement avec la présence de Dieu. Ceci est le meilleur remède contre le risque d'une demande de guérison imprégnée de superstition.

Une prière de guérison n'est pas nécessairement longue, à moins qu'elle ne s'intègre dans une célébration non liturgique de prière pour les malades. Elle peut même s'exprimer brièvement. L'exaucement n'est jamais proportionné à la quantité de phrases ou à la longueur du discours. Mais aussi sobre et aussi bref qu'il puisse ou doive être, l'élan d'intériorité ou d'adoration qui nous porte consciemment en la présence de Dieu dans la foi est primordial.

Cette disposition intérieure favorise également une autre attitude : celle de mesurer avec plus de pertinence que l'on est en présence de quelqu'un qui souffre et que l'on est chargé de présenter au Seigneur avec ce poids de douleur qui l'accable.

Même lorsqu'on sait ce qu'il convient de dire pendant une prière de guérison, on a souvent du mal à 'se bien situer' sur l'échiquier de 'l'évènement-intercession'. Tendre vers un oubli de soi, de sa 'qualité propre', de sa fragilité personnelle aussi, pour être au service de Dieu et du malade, voilà l'effort spirituel à entretenir pour une prière de demande à Dieu. Que l'on prie seul avec le malade, ou en groupe pour plusieurs souffrants, cette disposition intérieure préalable s'avère incontournable...

Elle nous évite de sombrer dans la 'prière expédiée', la 'prière machinale' ou la prière irrespectueuse de la dignité du malade en tant que personne.

On comprend mieux ainsi que la prière de demande nécessite un apprentissage vigilant sur le terrain, c'est-à-dire au contact de la souffrance.

Il est d'ailleurs connu qu'une prière de guérison sera plus fructueuse si le malade a eu l'occasion d'exprimer auparavant sa propre souffrance (quand cela est possible, bien sûr). Ce constat met en relief l'importance de la compassion, largement évoquée en d'autres ouvrages[13]. Cette proximité de la souffrance de l'autre rend manifestement plus féconde une prière pour les malades. Et lorsque le contexte ne permet pas cette écoute de la souffrance, il convient, avant de demander la guérison, d'invoquer (dans la discrétion) l'Esprit Saint d'une manière toute spéciale afin qu'Il suscite une 'communion enracinée dans la compassion' entre les malades d'une grande assemblée (par exemple) et la ou les personnes se disposant à prier pour eux.

Dans cet état d'esprit, le moment est propice pour demander à Dieu. Est-ce si évident, alors qu'il existe tant d'obstacles possibles dans le cœur du priant ? Car la prière de demande n'est pas un moulin à paroles, qui ne tiendrait aucunement compte du contenu de ce que l'on demande, et ne se soucierait pas de la sincérité et de la confiance que l'on y mettrait. La foi que nous souhaitons infuser à notre demande est mêlée de tâtonnements, d'incertitudes, d'hésitations inavouées, de doutes cachés, de peurs. Une chose est de croire au Seigneur Jésus-Christ mort et ressuscité, une autre de croire qu'il peut, ou même qu'il veut guérir précisément celui ou celle que nous lui présentons…

Finalement, il apparaît confortable de ne rien avoir à demander à Dieu ! et ceci dans tous les domaines. Nous flirtons aisément avec un sérieux désir d'indépendance inscrit en nous profondément. Demander sans que cela nous engage quelque part, dans une sorte de don de nous-mêmes au Seigneur, nous l'accomplissons volontiers. Mais supplier avec confiance pour obtenir une grâce de guérison se heurte parfois à des résistances insoupçonnées.

A Palerme, en avril 1996, avait lieu sur trois jours le rassemblement du Renouveau Charismatique Catholique de Sicile, dans

13. On peut lire à ce sujet : « Heureux les miséricordieux » Philippe Madre, Éditions des Béatitudes, 1996.

une grande salle de congrès pouvant contenir quatre mille personnes environ. Le deuxième jour était prévu un temps de prière pour les malades pour lequel les organisateurs avaient fait une certaine publicité afin d'inviter les 'non-charismatiques' de la ville.

Elisabetta, quarante-deux ans, mariée, cinq enfants, dotée d'un fort tempérament (nous sommes en Sicile !) était atteinte d'une polyarthrite scapulo-humérale très douloureuse depuis un an. Malgré divers traitements médicaux, la douleur demeurait vive et paralysait tout son bras droit. Elle ne dormait presque plus et cette maladie inflammatoire de l'épaule réduisait énormément ses capacités.

Malheureuse d'être ainsi handicapée dans sa santé et dans sa tâche de mère de famille, elle avait visité plusieurs groupes de prière, bien que n'étant pas elle-même charismatique, espérant y recevoir une guérison de la part du Seigneur. Mais rien ne s'était passé.

Ayant entendu parler de cette prière pour les malades, ouverte à tous, elle fit un marché avec le Seigneur : « Si tu ne me guéris pas pendant cette prière, je ne mets plus les pieds dans une église tout le reste de ma vie. » Nul ne sait si elle pensait vraiment cette menace, mais le Bon Dieu avait entendu...

Arrivée à la célébration, elle s'assoit, croise les bras (comme elle pouvait, car la douleur était aiguë) et attend, en regardant sa montre. Une demi-heure plus tard, elle avait toujours aussi mal et commençait à maugréer vis-à-vis du Seigneur. Une heure après, le constat était le même...

Trouvant le temps de plus en plus long, et invectivant le Seigneur discrètement ou presque (les voisins en profitaient quand même quelque peu), elle se dit qu'elle avait encore fait une nouvelle démarche pour rien.

Une heure plus tard, elle n'en pouvait plus. Sa souffrance était toujours vive : Dieu n'avait rien fait pour elle, encore une fois : « Tu étais prévenu, Seigneur ; puisque c'est comme cela, je m'en vais ! » Elle quitte bruyamment la salle, sans attendre la fin de la célébration, claquant violemment la porte derrière elle... tout un symbole !

Il faisait nuit quand elle sortit et on ne voyait pas grand-chose dans la rue. En face de la salle des congrès, se dressait un immeuble en construction. Traversant la rue, elle longe le chantier et butte contre un bloc de pierre qu'elle n'avait pas vu du fait de la pénombre. Elle tombe à plat ventre, de tout son long, accroche au passage une lourde barre d'acier qui tombe sur elle... et plus précisément sur son épaule malade ! La douleur est

terrible, mais la révolte plus encore. Allongée par terre, elle hurle contre le Seigneur sans retenue jusqu'à ce que la salive lui manque. Puis elle entreprend de se relever, prenant appui sur son bras droit sans s'en rendre compte. Se redressant sans trop de difficultés, elle réalise soudain qu'elle n'a plus mal à son épaule, que son bras peut bouger normalement dans toutes les directions et qu'elle est guérie !
Stupéfaction et joie ! Impulsivement, comme cela lui arrive classiquement, elle retourne dans la salle des congrès, monte sur le podium, se saisit du micro et donne son témoignage...
Dieu a de l'humour !
Le témoignage d'Elisabetta comporte deux éléments, en plus de la joie profonde d'être soulagée : une demande de pardon au Seigneur de ce qu'elle l'a provoqué avec orgueil, mais aussi un constat, celui de n'avoir, en fait, jamais demandé à Dieu la guérison comme une enfant, mais de l'avoir revendiquée comme un gamin capricieux qui pense qu'il y a droit. Elle découvre qu'elle aurait pu demander 'sainement', mais que son cœur s'y refusait. Son insistance à vouloir être guérie n'était pas juste non plus, car elle ne pensait qu'à ses intérêts, avec beaucoup d'égoïsme. Mais ce qui s'était passé ce soir lui faisait comprendre davantage la miséricorde de Dieu pour elle et pour tous. Elisabetta conclut son témoignage par une exhortation publique imprévue et vigoureuse sur l'importance de faire confiance à Celui qui nous aime tous et sait ce dont nous avons besoin, et quand nous en avons besoin.

Demander la volonté de Dieu

À mon avis, dans une simple et authentique prière de demande, il y a deux choses à exprimer au Seigneur explicitement nommé : notre pauvreté personnelle (que l'on peut brièvement et discrètement détailler devant la face de Dieu) et notre souhait que s'accomplisse pour le malade la volonté divine. Cette volonté est de toute manière manifestation de miséricorde, mais on ne peut en prévoir la forme.

Dieu guérit de multiples manières, nous l'avons déjà remarqué...

Une prière de demande pour que s'accomplisse la volonté divine pour le souffrant ne peut qu'être exaucée. Mais la confiance authentique que nous mettons dans le Seigneur nous fait espérer qu'il écoutera notre 'préférence', c'est-à-dire que la personne guérisse plutôt comme on le souhaiterait. Tout cela est bien délicat à expliciter et je ne désire aucunement entrer dans des considérations théologiques magistrales. Il m'intéresse bien plutôt d'évoquer comment cela se passe dans la foi et se ressent 'sur le terrain', au risque d'une certaine subjectivité.

Demander avec confiance la guérison incite nécessairement le Seigneur d'accomplir 'un plus' de sa volonté dans l'existence du malade, et ouvre son cœur à ce que nous – intercesseurs du moment – préférerions en terme d'exaucement. Cela n'oblige en rien la miséricorde divine, infiniment libre de s'exprimer comme elle le souhaite (c'est-à-dire dans la sagesse) à l'égard du souffrant. Mais nous savons qu'ainsi, Dieu écoute notre prière et sait que nous faisons passer sa volonté avant la nôtre... ce qui est essentiel pour le bien du malade (et pour le nôtre également).

Il arrive que, dans sa sagesse, et par le biais d'inspirations (souvent perçues à travers l'exercice des charismes de foi ou de connaissance immédiate), le Seigneur révèle de manière ténue et délicate, toute intérieure, ce que sa volonté entend réaliser dans la vie d'un souffrant pour lequel on prie. Cette stratégie de la miséricorde divine semble manifestée afin de faire grandir le ou les intercesseurs dans la confiance et la foi. Mais elle n'a rien de systématique, et garde toujours sa part de subjectivité dans la dimension humaine de son expérience. C'est pourquoi le discernement des charismes ou des inspirations de l'Esprit Saint, spécialement dans ce domaine, doit être affiné.

> Le P. Regimbal, déjà cité, raconte cette douloureuse et belle histoire, où les parents d'une jeune femme, Maureen, viennent le supplier de prier pour la guérison de leur fille atteinte de sclérose en plaques. Déjà 'rôdé' dans l'exercice du charisme de guérison, ayant donc assisté à des guérisons de cette maladie par la grâce de Dieu, le P. Regimbal entre en prière, en présence de Maureen et de ses parents. Mais très vite, il perçoit dans son cœur que la prière à vivre n'est pas celle d'une demande de guérison, mais d'une préparation à rejoindre le Seigneur. Il suggère aux parents de le laisser seul avec Maureen et parle avec elle de l'amour du Seigneur, de la joie de le voir. Maureen est très touchée par ce dialogue, qui la rejoint en ce qu'elle pressent qu'elle a à vivre en ces temps. Elle se confesse et éprouve une paix immense, paix qui ne la quittera pas jusqu'à ce qu'elle rejoigne le Seigneur, deux jours plus tard...

Un témoignage personnel analogue confirme l'importance de ces 'inspirations'. Des parents m'amènent leur jeune garçon de douze ans, atteint de crises d'étouffement terribles et me demandent de prier pour sa délivrance. Ils sont persuadés que leur fils est victime d'une infestation diabolique. Perplexe, je me dispose cependant à prier pour lui en ce sens, car aucune raison psychologique ou rationnelle ne semble justifier de telles crises. Mais il devient vite évident dans la prière que ce n'est pas une délivrance qu'il faut demander au Seigneur. Une intuition jaillit en mon cœur, que je tente avec délicatesse de faire confirmer par les parents.
« Est-ce que vous ne vous seriez pas montrés violents vis-à-vis de votre enfant dans le passé ? »
« Jamais ! »
« Même avant sa naissance ? »
Les parents se regardent, très embarrassés, et finissent par avouer, penauds : « Si ! nous avons essayé de l'avorter quand il avait trois mois dans le ventre de sa mère, mais ça n'a pas marché... et finalement on l'a gardé. »
« Mais à présent, vous ne regrettez pas que la tentative d'avortement ait échoué ? »
« ...Non, plus du tout, au contraire ! »
« Alors vous allez lui demander pardon et lui dire que vous l'aimez. »
« Maintenant ? »
« ...Oui, si possible ! »
Ils le firent simplement et nous avons prié pour demander une effusion de paix sur leur fils et toute la famille. Les crises d'étouffement disparurent en quelques jours...

L'audace de la demande

La dernière disposition intérieure pour une 'juste demande' est l'audace, laquelle se traduit par l'insistance auprès de Dieu. Mais toute insistance n'est pas bonne : celle qui consiste à rabâcher sa prière, celle qui évoque davantage un caprice ou une revendication, celle qui se nourrit d'une émotivité excessive, celle qui prétend inconsciemment substituer une volonté humaine à la volonté divine, et d'autres encore... aucune de celles-ci reflète l'insistance évangélique. On est authentiquement insistant devant le Seigneur lorsqu'on s'implique soi-même dans la demande, que l'on est prêt à 'perdre quelque chose de soi' dans l'histoire, ou que l'on se sent prêt à certains renoncements personnels pour manifester au Seigneur que nous croyons vraiment en lui. En fait, il est question ici de l'insistance de l'amour, la seule qui puisse incliner sur nous, ou sur le malade, la face de Dieu.

> Le P. Roger H. avait un authentique charisme de guérison, qu'il exerçait préférentiellement en Amérique du Nord. Le Seigneur accordait d'abondants signes de guérison à travers sa prière et de nombreuses personnes allaient le voir dans sa paroisse. Au bout de trois années, au cours desquelles son ministère charismatique portait de plus en plus de fruits, une certaine lassitude s'empara de lui, devant toutes ces personnes qui venaient et le dérangeaient constamment. Sa faiblesse était de ne pas savoir dire non, pour préserver, non seulement sa santé, mais également la liberté intérieure pour continuer à déployer son charisme. Il ne priait plus, si ce n'est pour les malades, et sa relation personnelle avec le Seigneur se desséchait, même si les fruits de guérison étaient toujours là...
> La fatigue s'immisca insidieusement en sa vie, spécialement une fatigue spirituelle, qui lui fit rejeter le charisme de guérison et perdre progressivement la 'belle' insistance dont il témoignait en priant pour les malades. Il la perdait parce qu'il n'en voulait plus pour cause de lassitude. Et c'est ainsi que son charisme de guérison s'éteignit rapidement, en six mois environ. Affecté en un autre lieu, il regrette à présent d'avoir mal géré le don qui lui avait été fait.

Ces dispositions intérieures ouvrant à la prière de demande sont applicables à tous ceux qui prient pour la guérison, quel qu'en soit le contexte. Elles ne sont jamais parfaites... encore moins lorsqu'on prie pour la première fois. L'important n'est pas leur perfection, mais la quête de leur croissance.

Elles ne sont pas des garanties pour l'obtention d'une guérison, mais des repères de cette expérience spirituelle délicate qu'est la prière de demande au Père, par le nom de Jésus-Christ.

Dans leur sillage, on comprendra avec plus de réalisme divers passages de l'Évangile, comme ceux-ci :

« Tout ce que vous demanderez en mon nom, je le ferai » (Jn 14, 13) ;
« Vous n'obtenez pas parce que vous ne demandez pas » (Jc 4, 2) ;
« Demandez et vous recevrez » (Jn 16, 24).

9

Que penser du charisme de guérison ?

Le charisme de guérison a souvent mauvaise presse ici ou là dans l'Église ou dans le monde. Mal discerné, il souffre d'un manque de reconnaissance de son identité en tant que charisme.

Mal compris, il est amalgamé aux phénomènes de guérison irrationnels – sans rapport avec la vie chrétienne – dont nos sociétés s'avèrent friandes.

Mal accueilli, on ne le voit pas déployer fréquemment ses effets cependant prometteurs[14].

Pourtant, lorsqu'il se confirme chez une personne, il attire bien des gens de tous horizons et devient un puissant instrument d'évangélisation.

Enquête sur les charismes

Affirmons une première réflexion, non évidente pour tous : le charisme de guérison existe et nous pouvons le rencontrer... Mais qu'est-ce qu'un charisme ?

La définition de la théologie spirituelle nous apprend qu'il s'agit d'une grâce accordée par l'Esprit Saint à une personne (voire un groupe de personnes), dans le but de fortifier les fidèles dans leur foi au Christ ou de sensibiliser d'une certaine manière les non-chrétiens à

14. Mais ce handicap est le lot de la plupart des charismes.

la vérité révélée. Toute activité charismatique authentique se trouve donc ordonnée à l'évangélisation, quelle que soit la forme qu'elle prendra au regard des hommes.

Quelle que soit sa forme 'extérieure', cette grâce de Dieu reposant sur une personne précise comporte plusieurs critères spécifiques :

– elle est gratuite, autrement dit 'imméritée' : elle ne dépend pas d'un degré de sainteté quelconque chez la personne qui la reçoit. Tout au plus remarque-t-on que celle-ci vit déjà un engagement ou une mission dans l'Église, pour laquelle un charisme précis se révélera une aide précieuse ;

– elle est transitoire : autrement dit, son exercice n'est jamais permanent, même si un charisme éprouvé peut devenir un ministère charismatique (lequel ne sera de toute façon 'utilisé' qu'en certaines occasions) ;

– elle est sensible sous une forme ou une autre. C'est là où les charismes 'passent mal' auprès de certains penseurs chrétiens ou non. Une grâce sensible est une grâce qui – venant de l'Esprit – se manifeste concrètement aux sens extérieurs de l'homme (vue, audition, toucher...). Ainsi une guérison physique ou psychique est sensible parce qu'elle soulage sensiblement le malade, mais aussi parce que d'autres peuvent y distinguer (à travers le témoignage par exemple) l'action concrète de la grâce du Christ.

> J'ai rencontré Jackie, une femme canadienne à l'histoire peu banale. Mariée depuis vingt ans à un banquier, traversant de grosses difficultés conjugales, ne menant certes pas une vie morale exemplaire, quoique catholique pratiquante... Pour sortir un temps de son milieu familial étouffant, elle part à Saint Domingue pour faire une retraite spirituelle, prêchée par un certain P. Émiliano Tardif dont elle n'avait jamais entendu parler. Le thème (« la joie d'être guéri par Jésus ») est sans doute pour quelque chose dans son choix. Mais à vrai dire, son souhait caché était de profiter de la 'belle vie' dans le Hilton quatre étoiles avec plage privée où, curieusement, se déroulait la retraite.
> Intriguée par les enseignements du P. Tardif, et plus encore par cette pratique, inconnue d'elle auparavant, de l'imposition des mains dans la prière d'intercession, elle reste sur la défensive durant les premiers jours. Un après-midi, pendant un temps libre de la retraite, elle loue un 4/4 et part dans la brousse, à la recherche d'un dispensaire. En effet, avant son départ, un ami

chirurgien lui avait demandé le service d'apporter des instruments opératoires à un médecin exerçant ses talents dans un endroit reculé de l'île.
À son arrivée au dispensaire, on lui annonce que le médecin ne revient que dans une heure. Contrainte à l'attente, elle regarde autour d'elle dans la cour et voit des malades allongés sur la terre battue, dans des conditions particulièrement difficiles. Parmi eux, beaucoup de personnes souffrant de formes diverses de paralysie. Une fois atténué le premier mouvement de répulsion que ces gens lui inspirent, elle sent une émotion la gagner, doublée d'un désir de prier pour eux. Mais elle ne savait pas prier !
Se rappelant le geste de l'imposition des mains découvert deux jours plus tôt, elle se dirige timidement vers un premier malade, posant simplement sa main sur son épaule et balbutiant : « Jésus, fais quelque chose pour lui. » Elle passe rapidement au suivant, et finalement reproduit cette prière courte, mais sincère, pour tous ceux qui étaient allongés dans la cour.
On pourra trouver ce comportement infantile, ou grotesque, ou encore 'illuminé' (dans le sens péjoratif du terme)... toujours est-il qu'une demi-heure plus tard, une dizaine de personnes manifestaient les premiers signes de la guérison et des paralytiques se mettaient à marcher.
Stupeur du médecin à son retour de tournée... C'est la fête dans la cour... des miracles !
Jackie avait reçu, pour l'occasion, un charisme de guérison. Grâce manifestement sensible, temporaire (Jackie a eu diverses occasions ultérieures de prier pour des malades... sans fruit évident de guérison) et imméritée (elle n'était pas 'chrétienne motivée'; elle l'est devenue depuis cette expérience).
Reconnaissons que ce qu'a vécu Jackie est plutôt rare au plan charismatique, les charismes de guérison authentiques s'exprimant plus souvent de manière répetée dans le temps. Cependant la sagesse de Dieu dispose de ses propres dons comme elle l'entend.

Voilà le charisme de guérison dans son réalisme : une personne 'comme tout le monde', sans aura de sainteté, ni diplôme éminent de théologie, invitée – comme tout baptisé – à prier pour les malades (entre autres), mais dont la prière est rendue manifestement et inexplicablement fructueuse quant à un exaucement en forme de guérison.

Tel est le charisme de guérison comme don de Dieu, afin qu'il soit bien clair que la puissance du Seigneur s'exprime à travers la faiblesse de l'homme.

Comment reçoit-on un charisme ?

Aucune prédisposition personnelle n'est à remarquer pour la réception d'un charisme de guérison. Le contexte, en revanche, est parfois propice à la manifestation d'un charisme de guérison, dans la mesure où il inclut une proposition providentielle d'évangélisation. Jackie se trouvait dans un tel contexte lorsqu'elle s'est sentie invitée 'de l'intérieur' à prier pour les malades. Mais pourquoi ce charisme ne s'est-il pas déployé chez elle lorsqu'elle fut amenée à rencontrer ultérieurement d'autres souffrants ? La réponse est laissée à la sagesse de Dieu !

Dans de nombreuses autres occasions, une première prière d'intercession pour les malades, étonnamment fructueuse, marque l'émergence d'un charisme de guérison qui se développe et se développe et s'affermit ensuite en étant exercé.

> Le P. Francesco R., prêtre de paroisse dans une petite ville d'Amérique Latine, a ainsi découvert et vu croître en lui-même, à sa plus grande surprise, un charisme de guérison. Curé depuis plus de cinq années, il avait instauré chaque mardi soir la prière du chapelet pour tous ses paroissiens, prière qu'il animait simplement, sans dimension charismatique particulière. Un jour qu'il avait à cœur de prier – et faire prier – les fidèles pour les malades de la paroisse, un homme était venu le trouver au sortir de l'église pour témoigner de la disparition d'une douleur de la hanche gauche qui l'empêchait de marcher normalement. Cette douleur s'était progressivement estompée durant le chapelet et il venait remercier le P. Francesco de ce soulagement. Intrigué, ce dernier lui avait fait remarquer que s'il se sentait mieux, le Seigneur Jésus y était sans doute pour quelque chose, mais pas lui...
>
> Le mardi suivant, après le chapelet, deux autres personnes avaient frappé à la porte du P. Francesco, pour lui annoncer une grâce de guérison, l'une concernant une inflammation douloureuse des yeux qui rendait une femme malvoyante, et la seconde un homme au cœur rempli de haine à l'égard de son voisin, qui lui avait volé douze années auparavant une partie de ses terres. Durant le chapelet, une paix profonde s'était substituée à ce sentiment de haine et l'homme ressentait une joie sincère d'être libéré de cet enfer intérieur de haine qui minait sa vie depuis douze ans. Il avait même souhaité recevoir le sacrement de réconciliation à ce sujet...

Une guérison physique et une guérison intérieure ! Le P. Francesco commençait à se demander ce qui se passait « dans son chapelet ».
Le mardi suivant vit l'évènement s'amplifier : quatre personnes témoignaient d'une guérison, dont une suffisamment 'sensible' avait créé un petit remue-ménage dans l'assemblée, pendant la prière elle-même : un enfant d'une dizaine d'années, presque entièrement aveugle d'un œil, réalisait avec une surprise peu discrète qu'il était en train de voir normalement. Le chapelet avait été interrompu quelques minutes, afin de laisser s'exprimer la joie de ses proches et l'étonnement des fidèles, puis avait repris sous la houlette déterminée du P. Francesco, lequel n'était pas spécialement partisan des enthousiasmes de foule.
Une semaine plus tard, il y avait un monde fou dans l'église paroissiale, pour la prière du chapelet. Le P. Francesco arrive en se grattant la tête, ne sachant trop ce qui allait se passer, et comment gérer d'éventuels débordements liés à de possibles nouvelles guérisons. Le nombre de malades dans l'assemblée était impressionnant. Beaucoup étaient venus des campagnes environnantes, attirés par les évènements des semaines précédentes...
Le P. Francesco, avant d'ouvrir la prière, fit une brève exhortation spontanée sur la confiance en Dieu et proposa que l'attention des paroissiens soit centrée sur la prière elle-même, quitte à ce que si quelques personnes éprouvaient une grâce de guérison, elles viennent s'agenouiller au pied de l'autel après le chapelet. Plus de quinze personnes se manifestèrent ainsi, témoignant de guérisons fort diverses, spécialement dans le domaine de l'arthrite, de raideur de colonne vertébrale, de boiterie de hanche et plusieurs grâces de guérison intérieure particulièrement significatives. Ces gens, issus d'un milieu plus que modeste, s'exprimaient joyeusement, avec un vocabulaire simple, qu'un médecin incroyant aurait sans doute dédaigné, mais qu'importe ? Ils étaient guéris, et voulaient faire partager leur joie à tous...
Les semaines suivantes, le phénomène s'amplifia encore, avec de nouvelles guérisons, et une affluence prononcée. Les guérisons ne se produisaient cependant pas lorsque le P. Francesco devait s'absenter et laisser l'animation du chapelet à l'un de ses bras droit, servant de messe. Notre curé dut se rendre à l'évidence : il venait de recevoir un charisme de guérison, pour un plus grand service de ses paroissiens. Ce fut l'origine d'un renouveau de sa paroisse, où le Seigneur continua à accomplir des signes de guérison pendant le chapelet hebdomadaire...

Un tel témoignage de 'genèse d'un charisme', unique en son genre, mais assez fréquent en maints endroits quant à son principe, amène deux remarques :

– Un charisme de guérison commence le plus souvent par de 'petits' signes de guérison, auxquels il convient de porter attention en vue d'une bonne démarche de discernement, et d'une future reconnaissance ultérieure, s'il y a lieu. À ce titre, le témoignage de Jackie est exceptionnel : les phénomènes de guérison ont immédiatement pris une forte ampleur... mais le charisme n'a apparemment pas duré.

Quand j'évoque de 'petits' signes de guérison, cette petitesse ne correspond pas nécessairement à des soulagements d'affections anodines, peu ou pas handicapantes d'une vie normale. Il peut également s'agir de signes de guérison plus 'consistants', mais qui passent trop inaperçus et tombent d'emblée dans l'oubli. Le cas le plus fréquent de ce genre de non-reconnaissance (par omission) d'un charisme de guérison débutant concerne la guérison intérieure : un certain nombre de chrétiens prient, de manière diverse selon les circonstances, pour des personnes souffrant de blessures affectives, de traumatismes pénibles vécus dans le passé, et ils ne reçoivent pas de confirmation de l'action du Seigneur dans les cœurs. Pourtant, les grâces de guérison intérieure sont présentes, bouleversant positivement l'existence de ceux qui les reçoivent, mais ces derniers n'en parlent pas, comme si la chose leur était trop intime, voire honteuse pour certains.

Une loi spirituelle est donc à rappeler, importante pour le renouveau pentecostal : un charisme ne pourra se déployer que si des témoignages viennent le confirmer... À bon entendeur d'entendre !

– Les charismes de guérison sont bien plus répandus dans l'Église qu'on ne le pense, mais la vraie question est celle de leur croissance.

Une autre loi spirituelle nous éclaire à ce sujet : il est classique de découvrir un charisme, surtout de guérison, ou de prophétie. C'est le développement du charisme qui s'avère difficile.

Un charisme qui ne cherche pas à grandir est déjà un charisme en voie d'extinction ! Une personne qui prend conscience d'avoir reçu un charisme de guérison, qui a été aidée au discernement par des personnes de bon jugement et de solide doctrine, devient responsable du déploiement de ce charisme. Ainsi devrait-elle orienter des pans entiers de sa vie en deux directions : approfondir sa propre vie de prière et se disposer à rejoindre assez fréquemment un contexte analogue à celui qui a vu naître son charisme, sans toutefois 'jouer les rouleaux compresseurs' sous prétexte d'être revêtu d'un charisme authentique. En fait, la providence divine s'occupe toujours d'inviter à nouveau une personne dotée d'un charisme débutant à prier dans un contexte analogue, sans qu'elle l'ait recherché.

Je devine que l'affirmation tranquille de l'existence fréquente d'un charisme de guérison dans un groupe de prière paraîtra excessive auprès d'un certain nombre. Elle est cependant vraie, mais implique une nuance : ce groupe de prière ou cette assemblée doit pour cela être ouverte aux divers charismes. Pour une telle ouverture, la communion entre les membres est requise, ainsi que la ferveur dans la prière. Si l'un de ces deux critères s'avère défectueux, l'accueil des charismes sera malheureusement comme 'neutralisé'...

> En avril 1999, j'étais invité à prêcher une retraite sur l'accueil des charismes aux principaux responsables du Renouveau Catholique de Hollande. Ils étaient environ cent trente, et leur souci principal était de 'maintenir en vie' les groupes de prière, dont la majorité s'affaiblissait en nombre malgré un fort désir de vivre selon l'effusion de l'Esprit reçue depuis longtemps. Il ne m'appartient pas ici d'analyser les enjeux du Renouveau Charismatique Néerlandais.
>
> Je remarquai rapidement que la vie charismatique leur semblait très difficile à gérer et la lassitude dont ils témoignaient à ce sujet m'inquiéta sérieusement. Alors, nous avons parlé des charismes – de tous les charismes – et de la manière de les accueillir simplement dans un groupe de prière... à condition que ce dernier tende vers un équilibre spirituel et une unité interne nécessaires à l'éclosion des grâces de type charismatiques.
>
> Ils purent ainsi remettre en question le fonctionnement de certains groupes de prière ; mais ils constatèrent également l'existence, très discrète, de petits débuts charismatiques, dans l'ordre de la guérison (surtout intérieure) chez certains membres de plusieurs groupes. Ils convinrent que ces débuts avaient sans doute été mal considérés, quoiqu'un discernement par l'Église – via l'un de ses représentants, en l'occurrence le berger du groupe de prière – soit toujours nécessaire pour confirmer l'éclosion d'un charisme.
>
> Au sein même de la retraite, ils eurent aussi l'occasion de voir germer certains charismes de guérison au milieu d'eux, à leur plus grand étonnement. En fin de session, une prière pour les

malades animée par une partie d'entre eux vit se produire un nombre important de guérisons de toute sorte, spécialement dans le domaine de la guérison intérieure. Des guérisons physiques eurent également lieu. Les 'débuts' étaient modestes (comme dans l'histoire du P. Francesco), mais encourageants.
Un an plus tard, les organisateurs m'informaient que la retraite avait permis à plusieurs charismes de guérison de déployer une activité fructueuse pour la gloire de Dieu. Certains groupes de prière proposaient régulièrement des assemblées de prière pour les malades que le Seigneur bénissait abondamment. D'autres avaient mis en place des 'sous-groupes' de quelques personnes exerçant un ministère de guérison intérieure avec accompagnement spécifique et individuel, qui portait de très beaux fruits.
Mais il avait fallu cette retraite pour leur faire découvrir que la vie charismatique consistait d'abord à accueillir dans la foi les dons que le Seigneur prodiguait, en en discernant et encourageant les premières et timides manifestations.

Sans cette étape initiale de discernement sur de 'petits débuts possibles', l'exercice plus ample et plus libre des charismes ne peut pas se déployer.

Gérer son charisme

On aura compris qu'il existe plusieurs grands types de charismes de guérison, ainsi qu'une multitude de manières de les exercer. Une personne ayant reçu ce charisme sera invitée à l'intégrer progressivement dans sa propre vie spirituelle et veillera à s'abandonner à cet élan spirituel intime qui meut tout charisme. Car l'exercice d'un charisme n'a rien de l'adoption d'une méthode ou de l'application d'une technique. Un charisme de guérison qui prend de l'assurance s'inscrit dans une sorte de 'personnalité spirituelle'. Il devient constitutif de la grâce personnelle de celui qui l'accueille. Il ne s'agira jamais d'une activité spirituelle 'à part' de tout le reste. Un charisme de guérison en croissance est généralement au service d'une mission dans l'ordre de la compassion, sauf s'il accompagne une autre activité charismatique, tel que nous le remarquerons plus bas. Ceci signifie, entre autres, qu'un charisme de guérison authentique invite la personne qui le reçoit à grandir dans la connaissance de l'amour du Christ, du Christ crucifié, du Christ compatissant. Privé de cette connaissance spirituelle, le charisme ne développera pas la fécondité que le Seigneur comptait lui conférer.

J'affirme qu'un chrétien constatant l'éclosion d'un charisme de guérison gagnera énormément à se chercher un accompagnateur spirituel au fait de la question des charismes, chargé de l'aider à intégrer le vécu de ce charisme dans son propre cheminement vers Dieu.

Les grands types de charismes de guérison sont classiquement au nombre de trois : guérison physique, guérison intérieure et libération de liens spirituels occultes. La clarification est précieuse, car il est bon qu'un charisme de guérison débutant apprenne et accepte la finalité dont le Seigneur l'a doté. Celui qui, avec l'aide du discernement d'autrui, découvre qu'il a sans doute reçu un charisme de guérison, plutôt dans le domaine des blessures intérieures, doit savoir se laisser guider par les circonstances dans ce 'créneau', dans l'attente simple et non craintive, que le Christ puisse agir 'normalement' à travers sa prière. Il ne convient pas qu'il cherche à prier dans une autre attente, celle de signes de guérison physique, par exemple.

Une telle attitude de sagesse repose sur le principe de 'rester dans sa propre grâce', principe valable également au plan des grâces charismatiques. Cependant, un charisme de guérison peut concerner, sans que son dépositaire l'ait recherché, les trois types mentionnés ci-dessus. Mais un tel 'éventail de cibles' dans le charisme de guérison se trouve surtout dans la situation évoquée plus bas.

Un charisme de guérison peut s'exprimer 'individuellement', de manière autonome. Une personne (ou un groupe) prie pour des malades – tout contexte confondu – et des guérisons se produisent dans une certaine fréquence inhabituelle...

Mais ce charisme de guérison peut être complémentaire d'une autre activité charismatique, telle qu'un ministère de prédication ou d'enseignement par exemple. Dans cette perspective, les signes de guérison accordés par le Seigneur accompagnent la parole d'instruction ou l'exhortation donnée à l'assemblée. Ils sont comme un surcroît de grâce manifesté en forme de guérison, pour confirmer d'une certaine manière la parole spirituelle donnée, celle-ci véhiculant en elle-même la grâce première accordée par l'Esprit aux personnes présentes. Nul besoin de prière spécifique pour les malades pour l'obtention de ces signes de miséricorde, quoique la prière à l'Esprit Saint sur l'auditoire puisse accompagner heureusement un temps de prédication.

Dans cette situation, où s'entremêlent les trois grands types de guérison, le charisme de guérison s'est greffé – par pure sagesse divine – sur un charisme lié à la parole.

> En novembre 2000, j'étais invité pour une journée spirituelle par le Renouveau Charismatique Catholique Belge, dans le sanctuaire marial de Banneux, lieu que j'affectionne particulièrement. Le rassemblement annonçait le thème : « La foi à déplacer les montagnes ». Un enseignement sur ce sujet était prévu, suivi d'une célébration eucharistique, et enfin d'une prière pour les malades.
>
> Une prédication sur la foi fut très bien accueillie ; les personnes présentes étant invitées à se débarrasser de certains clichés concernant la notion de foi – une foi devenant souvent trop tiède par 'manque d'exercice' – et à entrer dans une expérience concrète de foi mise en action.
>
> La prière pour les malades de ce jour fut – comme souvent – pleine des signes de la miséricorde divine, mais les témoignages vus ou entendus par tous en finale révélaient des grâces de guérison reçues pendant l'enseignement, donc bien avant la prière elle-même.
>
> Telle Geneviève, cinquante-sept ans, atteinte d'un cancer métastasé, focalisé principalement sur la cuisse droite (le fémur était rongé par la maladie et une grosse poche de sang s'était collectée autour de l'os malade, faisant doubler la cuisse de volume). Geneviève était arrivée dans une grande faiblesse physique, ne pouvant se déplacer qu'avec des béquilles, et souffrant d'une douleur aiguë dans la jambe. Pendant l'enseignement, elle avait soudain ressenti une grande chaleur dans la cuisse, ainsi qu'une sensation de paix dans tout son corps. À la fin de l'enseignement, elle pouvait marcher sans problème, sans douleur, et sans béquille, et sa cuisse avait repris un volume normal. Je ne sais pas si le cancer a été guéri, mais le signe d'amélioration de santé se révélait à tous fort éloquent...
>
> Tels Ghislain, ou encore Maria, souffrant tous deux d'idées suicidaires obsédantes depuis longtemps et libérés 'spontanément' lorsque, dans l'enseignement, fut évoquée la Parole de résurrection de Jésus face à Lazare dans son tombeau...
>
> Tel Jean-Louis, dix-sept ans, asthmatique permanent, ressentant une inhabituelle dilatation de sa cage thoracique pendant l'invitation à croire 'activement' à la puissance de Dieu, et guéri de son asthme en quelques secondes...

Le Seigneur aime confirmer par des signes de guérison l'exercice d'un charisme lié à la force de la Parole de Dieu, car cette Parole est et sera toujours vivante.

Convergence de charismes

D'autres charismes peuvent se révéler complémentaires d'un charisme de guérison. C'est le cas fréquemment du charisme de foi, ou encore du charisme de connaissance immédiate. Mais à la différence de la situation précédente, où la guérison accompagne l'enseignement ou l'annonce du Christ (prédication), ces deux charismes se greffent sur l'exercice d'un charisme de guérison et se mettent d'une certaine manière à son service, pour une meilleure fécondité de ce dernier. Nous examinerons cette possibilité dans un chapitre ultérieur, mais nous ne pouvons être qu'édifiés dans la confiance en Dieu lorsque nous contemplons le 'jeu' des charismes et leur remarquable complémentarité.

> Juillet 1996... je me trouvais à Cagliari, ville principale de la Sardaigne, où avait lieu un rassemblement de trois jours pour tout le Renouveau Charismatique de l'île. Là encore, une grande assemblée de prière pour les malades était prévue et j'y étais présent. J'ai assisté à la manifestation de la puissance de Dieu dans cette assemblée, où la célébration avait pourtant mal commencé. Comme quoi, il ne faut pas se décourager quand le climat spirituel ne semble pas propice, initialement, à une prière de guérison cependant prévue, et pour laquelle beaucoup de gens se sont déplacés...
> N'oublions jamais qu'un rassemblement de prière pour les malades constitue d'emblée un lieu primordial d'évangélisation, non seulement pour les personnes présentes (et qui ne sont pas toutes malades), mais aussi pour toutes celles qui accueilleront dans l'instant ou plus tard les témoignages de guérisons accordées par le Seigneur.
> À Cagliari, la prière avait en effet mal débuté, du fait d'une bruyante effervescence dans l'assemblée. Les gens ne souhaitaient manifestement pas entrer dans le recueillement et leur mouvement de foi paraissait bien affaibli par toutes sortes de distractions sonores. Ils chantaient volontiers les louanges de Dieu mais, bien que présents, se situaient pour la plupart 'à l'extérieur'

de la prière, c'est-à-dire comme s'ils n'étaient pas 'concernés' par les grâces qu'ils étaient cependant venus attendre de la miséricorde divine.
Les premières vingt minutes furent franchement pénibles pour les animateurs, au point que je m'interrogeais sur le déroulement à donner à cette célébration. Mais l'Esprit Saint fit évoluer très vite la situation, ainsi que l'attitude de la foule.
Celle-ci, sauf quelques exceptions, n'avait pas entendu parler du charisme de connaissance et lorsqu'une première parole prophétique de guérison fut donnée, la surprise fit baisser le volume des décibels et l'attention à l'évènement devint palpable. Cette parole de connaissance immédiate annonçait que le Seigneur guérissait dans l'instant un certain Giuseppe, âgé de quarante-huit ans, atteint d'une grave angine de poitrine depuis des années, ayant fait deux infarctus et ne pouvant plus marcher, encore moins monter des marches, car tout de suite suffoquant, malgré un traitement médical.
Cette annonce de guérison suscita le silence, mais un silence questionné. Les gens attendaient de voir. J'invitai alors – dans une foi mêlée de crainte de se tromper – Giuseppe (que je ne connaissais aucunement) à s'assurer là où il se trouvait que sa guérison était effectivement en cours, puis à venir me rejoindre au micro pour que nous entendions son témoignage...
Tout le monde tournait la tête à droite et à gauche pour découvrir Giuseppe, et personne ne venait. Dans ce genre de circonstance, l'animateur de la prière n'en mène pas large ! Le temps passait, et toujours personne. Les gens continuaient à regarder autour d'eux. Quant à moi, une légère transpiration d'inquiétude coulait le long de ma colonne vertébrale. On manque sans doute de foi inébranlable dans ce type de situation... C'était mon cas...
La parole de connaissance immédiate était-elle authentique ? Guiseppe existait-il vraiment ? Avait-il conscience qu'il était en train de guérir ? ... Suspense !
Enfin arrive un homme, courant plus qu'il ne marchait. Montant au podium, devant des centaines de paires d'yeux braqués sur lui, il commence son témoignage : « Je suis Giuseppe et j'ai bien quarante-huit ans, même si c'est demain mon anniversaire ! J'ai une maladie cardiaque grave que les médecins traitent depuis huit ans. J'ai fait deux infarctus, le deuxième il y a presque un an et j'étais dans l'incapacité de marcher, sauf un petit peu avec mes cannes et en m'arrêtant souvent. Je ne pouvais plus monter les marches d'escalier, et pour venir dans cette église, avec les marches que nous connaissons tous, j'ai dû m'arrêter toutes les dix secondes.

Quand j'ai entendu l'annonce de la guérison de l'angine de poitrine, je n'ai pas compris ce qui se passait, mais j'ai senti une forte chaleur dans la région du cœur ainsi qu'une sensation de libération de mon problème cardiaque. Je me suis demandé ce qui se passait, et puis je me suis dit que si le Bon Dieu faisait quelque chose pour moi aujourd'hui, je devais prendre ça au sérieux. Alors je suis sorti par le fond de l'église, j'ai fait trois fois le tour en pressant le pas, sans ressentir aucune fatigue ou essoufflement. J'allais bien ! J'ai descendu et remonté les escaliers du parvis deux fois, sans problème. Je suis vraiment guéri. Je me sens en pleine forme, comme jamais ça ne m'était arrivé depuis dix ans ! Je remercie le Seigneur pour sa bénédiction, et je lui demande qu'il bénisse toute ma famille aujourd'hui, et aussi tous les malades qui sont là.

Ce fut un tonnerre d'applaudissements, suivis de chants de louange... et la célébration put continuer dans une belle atmosphère de recueillement, où tous priaient avec ferveur. Et les signes de guérison physique ou intérieure furent abondants ce jour-là.

10

Faut-il avoir la foi pour être guéri ?

« *Tout est possible à celui qui croit* » affirme Jésus (Mc 9,23). L'interprétation fondamentaliste de cette phrase au sujet de la guérison induit bien des erreurs, voire des abus dans certaines manières de prier pour les malades. Plusieurs y voient volontiers un rapport direct entre la foi du malade et sa guérison, comme si la première déterminait la seconde. Il n'y a cependant rien de plus faux pour l'obtention d'une guérison, ni de plus culpabilisant pour le souffrant qui tente de placer sa confiance en Dieu sans être guéri pour autant.

Les excès sont malheureusement suffisamment nombreux en ce domaine pour discréditer ici ou là le recours à la prière pour les malades ou l'exercice d'un charisme de guérison. D'où l'urgence de mieux comprendre le rapport entre foi et guérison, car celui-ci existe, mais s'avère délicat à scruter.

Quelle foi pour la guérison ?

Beaucoup de guérisons accomplies par Jésus, dans les Évangiles, ont conduit à une plus grande confiance en lui. Par ailleurs, « voir pour croire » est une exigence fort ambiguë, et on doit même se rappeler que Jésus a parfois refusé de donner un « signe du ciel » demandé par certains (Mc 8, 11-13) et que le refus de croire sans avoir vu fermerait plutôt la porte de la foi. La béatitude adressée à Thomas (Jn 20, 29) est particulièrement significative. Et à Nazareth, Jésus n'a pu faire aucun miracle et il s'étonna de leur manque de foi (Mc 6, 5-6).

Mais alors, où se situe la foi dans la dynamique de guérison du Christ ?

La foi se trouve de manière primordiale en celui qui pose les gestes de la guérison, c'est-à-dire le Christ lui-même[15] ! Car le Christ a foi (confiance) en son Père, en même temps qu'il a foi en l'homme, en sa capacité de se relever par la grâce de Dieu.

Cette foi du Christ en tant qu'homme est une clé de compréhension quant au rapport foi/guérison. Lorsque l'on cherche des 'traces de la foi' ailleurs qu'en Jésus, on ne peut se livrer qu'à des déductions aléatoires. Ainsi certaines personnes témoignent d'une confiance immédiate en la puissance du Christ, tel le lépreux qui croit en sa puissance de guérison (Lc 6, 12-14). Mais toutes les personnes qui se trouvent dans des circonstances analogues ne bénéficient pas de cette même foi.

D'autres, tel le père de l'enfant épileptique (Mc 9, 15-27), paraissent vivre une nécessaire croissance de leur foi, à travers un dialogue avec Jésus, avant que la guérison puisse s'opérer.

Parfois, c'est encore plus flou, comme les lépreux qui, simplement, obéissent à la parole du Christ et, en chemin, constatent leur guérison.

La foi des intermédiaires – entre le Christ et le malade – s'avère parfois déterminante, comme celle du centurion qui croit en la parole de Jésus (Luc 7, 6-9), ou encore celle de Jaïre pour la résurrection de sa fille (Mc 5, 22-23). Mais là encore, rien de systématique.

Enfin, remarquons en d'assez nombreuses occasions l'action de grâce des témoins, à travers laquelle on peut discerner certes une grande joie, mais aussi une foi grandissante justement liée au témoignage.

Ceci nous permet d'affirmer nettement que, hors de la foi, les signes de guérison n'ont pas leur sens évangélique, ceux d'hier comme ceux d'aujourd'hui. Leur reconnaissance en tant que signes de la présence agissante de Dieu est due à la foi. C'est elle qui permet à une guérison non seulement de s'accomplir, mais aussi d'être accueillie comme un signe de la miséricorde du Seigneur.

15. Au sujet de la foi du Christ, on peut lire : « L'heure des miracles », Philippe Madre, Éditions des Béatitudes,1997.

À la question de tête de chapitre : « Faut-il avoir la foi pour être guéri ? », la réponse est donc plutôt : non, pas nécessairement ! Tout au moins, il n'est pas indispensable que celui qui est guéri ait eu la foi, mais alors il faut que quelqu'un l'ait eue comme 'pour lui'. Ainsi, la foi est concernée quelque part dans l'obtention d'un signe de guérison de la part de Dieu, qu'elle soit physique ou psychique.

> Ville de Québec, mars 1986. La maison « Jésus-Ouvrier » était alors le grand centre de retraites spirituelles de la région, animé par plusieurs prêtes jésuites, tous membres du Renouveau Charismatique et pleins de zèle pour l'évangélisation. De nombreuses sessions d'enseignement, ainsi qu'une forte activité d'accompagnement spirituel, y étaient proposées, attirant un grand nombre de personnes chaque semaine. À l'occasion d'un voyage au Canada, l'équipe de Jésus-Ouvrier m'avait demandé de faire une conférence sur « la Joie de Dieu dans nos vies », suivie d'une prière pour les malades.
>
> L'amphithéâtre où se déroulait la conférence était devenu trop petit pour l'occasion, et les pères jésuites avaient dû ouvrir en plus une grande salle souterraine, d'où les gens qui n'avaient pu entrer dans l'amphi pouvaient suivre par transmission vidéo 'ce qui se passait au-dessus'.
>
> Germain était là, bien content de ne pas se trouver dans l'amphithéâtre, car il ne se sentait pas à l'aise. Lydia, sa petite amie, l'avait presque traîné à cette soirée spirituelle, et il s'était finalement laissé faire parce qu'elle lui avait suggéré qu'après, ils pourraient aller au cinéma ensemble. Il faut dire que Germain n'était pas croyant. Ses parents, catholiques, l'avaient – selon lui – dégoûté de la religion et la question de Dieu ne se posait même pas à son esprit. Par ailleurs, Germain était aveugle de l'œil droit depuis la petite enfance. Une voiture l'avait renversé sur l'asphalte : fracture du crâne et cécité du côté droit.
>
> Le choc de ce handicap avait été rude, mais sur quelques années, il s'en était accommodé, quoique vivant dans la hantise de perdre également son œil gauche.
>
> La conférence l'ennuyait prodigieusement, tellement cette histoire de joie de Dieu lui semblait irréelle. Il somnolait à moitié, pendant que Lydia, profondément croyante, suppliait le Seigneur de toucher le cœur de Germain. Elle l'aimait… et il était question de mariage, mais, entre eux deux, cet immense fossé quant à la foi lui faisait peur dans la perspective d'une vie conjugale.
>
> Germain commença cependant à se réveiller quand, lors de la prière pour les malades, des personnes commencèrent à

témoigner de guérisons obtenues. Il remarqua même un détail qui l'amusa : il y avait davantage de témoignages émanant de gens présents dans la salle souterraine que dans l'amphithéâtre... comme quoi si « leur Dieu » existait, il ne s'occupait pas que de ceux qui étaient bien placés, là-haut, dans les fauteuils, alors que ceux du bas étaient installés sur des chaises de fortune.
Mais Germain demeurait cependant étranger à ce qui se vivait... jusqu'au moment où il se mit à ressentir comme une brûlure dans son œil droit, assez douloureuse. Contrarié, il appuya les mains sur les yeux, comme pour conjurer le mal et resta ainsi quelques minutes, voûté sur son siège. La douleur s'estompa et il releva la tête : une sensation lumineuse étrange traversait son 'œil mort', et il s'aperçut qu'il pouvait voir le grand écran vidéo, cinquante mètres devant lui avec les deux yeux, sa cécité était en train de disparaître ! Stupéfait, il demanda à Lydia ce qui se passait, elle comprit instantanément. Emplie de joie (c'était le thème du jour !), elle poussa Germain à aller témoigner. Il refusa d'abord, puis, étant un homme foncièrement honnête, se décida à aller dire quelques mots au micro. Il accomplit tout le trajet depuis la salle du bas jusqu'à l'amphithéâtre comme sur un nuage, tant était nouvelle pour lui la capacité retrouvée de voir avec les deux yeux.
Son témoignage fut bouleversant. Germain y spécifia qu'il n'avait plus la foi depuis longtemps et qu'à cet instant encore, il n'avait pas l'impression d'un changement à ce sujet. Toutefois, reconnaissant « qu'il s'était effectivement passé quelque chose », il s'engageait à s'ouvrir à cette dimension de foi, afin que si Dieu existait vraiment, il puisse le remercier un jour.
Dieu s'occupait effectivement de lui, car trois années plus tard, marié à Lydia, Germain était responsable d'un groupe de prière de la région de Québec.

Germain n'avait donc pas la foi pour être guéri... comme beaucoup de nos contemporains souffrants, pourtant il a été effectivement guéri, tant au niveau du signe que du but de la guérison accompli dans la puissance de l'Esprit Saint.

Mais il avait été amené en présence du Christ ressuscité par des personnes qui avaient au moins un peu la foi et cela avait suffi à tout changer.

Les porteurs de la civière

L'enseignement de la guérison du paralytique dans Luc 5, déjà évoqué, nous éclaire prodigieusement à ce sujet : c'est en voyant la foi des porteurs de la civière que Jésus a décidé de guérir le paralytique, un paralytique anonyme que l'Évangile ne nous donne pas de connaître. En langage clair, cela signifie que saint Luc souhaite attirer notre attention sur l'attitude spirituelle des porteurs – car c'est là l'important à saisir – plutôt que sur celle du paralytique. Jésus regarde « qui lui amène le malade » et surtout à « comment le malade lui est-il amené, c'est-à-dire mis en sa présence ». Il n'est bien sûr pas là question du moyen pratique, mais d'une attitude d'âme qui s'appelle la foi.

Quelqu'un qui prie pour l'un de ses proches ou ami souffrant ne reste pas statique, car la foi – si elle existe au moins un tout petit peu dans son cœur – suscite un mouvement invisible : celui d'amener concrètement ce malade en présence de Jésus.

Quelqu'un qui exerce de manière équilibrée et prudente un charisme de guérison fait de même, dans une accélération de ce même mouvement invisible.

Un prêtre qui administre un sacrement où des fruits de guérison peuvent légitimement être accordés par le Seigneur – essentiellement l'Onction des malades, la Réconciliation ou l'Eucharistie – fait entrer la personne dans ce mouvement qui 'porte' invisiblement en la présence du Christ ressuscité.

Un ministre ordonné, ou une équipe d'animateurs, qui coordonne le déroulement d'une célébration de prière pour les malades est plongé dans la même réalité spirituelle.

On a souvent du mal à concevoir la foi des porteurs de la civière, ou encore celle du centurion, que Jésus admira ! De même la foi de ceux qui aujourd'hui prient pour les souffrants, comment est-elle ? ou plutôt comment devrait-elle être pour être 'efficace' ? La foi du centurion, un homme certes bon, mais qui n'avait pas fréquenté le Christ, de quoi était-elle faite ?

La confusion règne dans nos appréciations car les représentations de la foi, ou plus précisément de l'expérience de la foi, se nourrissent plutôt de la notion de connaissance de la foi. Croire, n'est-ce pas d'abord connaître avec son intelligence (éclairée par la grâce) les réalités révélées par et dans le Christ ? Se cantonner à cette explication ne nous facilite pas l'expérience de la foi. Or, c'est cette dernière qui nous intéresse dans la prière de guérison.

La foi est d'abord un acte d'adhésion du cœur et de 'confiance aveugle' (c'est-à-dire non justifié par des sentiments personnels, ni ancré dans des certitudes rationnelles) à l'égard de quelqu'un que l'on ne comprend pas pleinement, mais que l'on juge – de loin avant que cela ne devienne de près ! – digne de notre confiance. Et c'est ainsi que Jésus se présente à nous, nous invitant à la foi, comme s'il nous disait : « Faites-moi confiance d'abord... N'ayez pas peur, car je suis doux et humble de cœur et vous trouverez en ma présence la paix pour vous et pour les vôtres. » Évidemment, cette expérience initiale de la foi ne suffit pas pour toute une vie. Elle a besoin d'être nourrie de lumière et de vérité, d'être purifiée de toute forme d'égarement possible. C'est le besoin de croissance de la foi. Cependant, l'acte de confiance – acte libre par ailleurs malgré son caractère 'aveugle' – demeure le fondement de la vie de foi, et c'est ce dernier que Jésus remarque chez les porteurs de la civière et chez les intercesseurs actuels.

Nous sommes tous capables de cette foi-là, pour peu que nous soyons en communion avec d'autres chrétiens et prêts à prendre un risque, celui que le Seigneur nous attire plus loin sur un chemin que nous n'avions pas prévu. Prier selon cette foi confiante ne signifie pas la garantie de l'obtention d'une guérison, mais celle du regard du Ressuscité posé sur notre malade.

> En juin 1995, j'étais à Caltanissetta, situé au cœur de la Sicile. Le Renouveau Charismatique de l'île organisait un rassemblement durant un 'long week-end' de trois jours sur le thème de : « La puissance de l'Esprit Saint aujourd'hui dans le monde. » Le rassemblement avait lieu dans un stade de football, bien plus habitué aux activités sportives que religieuses !
> Il était convenu que le samedi, je donne deux conférences rapprochées : l'une de 11 heures à 12 heures, l'autre de 12 heures 30 à 13 heures 30 (avant le repas du milieu du jour). Ce jour-là, je me souviens que la force du Seigneur avait touché bien des cœurs. Le Saint-Esprit était au rendez-vous, et son souffle était quasi palpable dans l'assemblée.

Lorsque je termine ma première conférence, un policier en uniforme se précipite vers moi et me dit, en me saisissant les mains :
« Docteur, il faut absolument que vous veniez avec nous à l'hôpital. Notre commandant (le chef de la police de Caltanissetta) souffre d'un cancer et il n'en a plus pour longtemps à vivre. Il faut que vous priiez pour lui, s'il vous plaît. Nous avons demandé aux organisateurs du rassemblement et ils sont d'accord pour qu'on vous emmène. »
« Je ne demande pas mieux, mais que devient la seconde conférence prévue dans une demi-heure ? »
« Ne vous inquiétez pas. Nous nous occupons de tout... venez vite. »
Il me prend par le bras, me guide vers une voiture de police, elle-même encadrée de deux autres voitures et d'une demi-douzaine de motards. Le cortège s'ébranle, à grand renfort de gyrophares et de sirènes. Les rues de la ville, très encombrées à cette heure, sont dégagées par les motards qui nous précèdent. À une vitesse évidemment supérieure à celle autorisée, nous arrivons devant l'hôpital après avoir traversé toute l'agglomération... en dix minutes !
Ascenseur... grands couloirs aseptisés aux odeurs désagréables... Nous entrons dans la chambre – immense, parce qu'occupée par huit lits – où est allongé le chef de la police. C'est un homme d'une quarantaine d'années, dans un semi-coma. Il n'a effectivement plus beaucoup de temps à vivre. Sa femme et ses six enfants sont là... Ils attendaient cette visite. Les dix policiers qui m'accompagnaient entrent également dans la chambre.
Je m'agenouille auprès du malade et lui prends la main. D'un même mouvement, tous se mettent également à genoux et joignent leurs mains pour une prière silencieuse et bouleversante. Je n'avais jamais vu des policiers dans cette attitude, certes, mais je fus impressionné par leur foi simple, mais évidente. Ils devaient vraiment beaucoup aimer leur commandant pour prier avec une telle ferveur discrète. L'épouse et les enfants de ce dernier s'étaient également agenouillés, et tous priaient avec confiance.
Ce fut un moment de grande intensité spirituelle où je ne formulai que quelques mots, tant l'intercession ardente se déployait dans le silence. Ce fut pour moi un grand enseignement sur la prière de confiance – alors que j'étais censé 'gérer' cette intercession – et j'admirai ces gens à la foi populaire, mais vivante. Ils étaient de véritables intercesseurs dans la foi pour ce

commandant de police, non seulement par leur prière (que je n'entendais pas), mais par toute leur attitude.
Au bout de dix minutes, un policier se leva et m'invita doucement, avec un grand sourire reconnaissant, à regagner la voiture. J'avais fort envie de rester encore, mais il insista... promesse était faite aux organisateurs de revenir pour l'heure prévue de la seconde conférence. À nouveau le cortège à grande vitesse dans les rues de Caltanissetta. Retour au 'stade charismatique'... la conférence commença à 12 heures 30 !
Je ne sais pas ce qu'il advint de ce commandant. Quand je le quittai, il était toujours dans son coma. Un courrier m'apprit qu'une semaine plus tard, il était sorti de son coma, mais toujours à l'hôpital, et apparemment pas (encore ?) sur un réel chemin de guérison. Mais je ne doutai pas un instant que, du fait de ce bouleversant 'entourage de prière' qui le portait en présence du Christ ressuscité, cet homme était étreint par la miséricorde de Dieu.

La foi du Christ

La foi qui porte le malade 'vers son Dieu', quand bien même ce malade ne serait pas croyant, est la réponse à bien des interrogations... à condition que l'on ajoute une précision de poids : celui qui apporte pleinement le malade en présence de Dieu est le Christ lui-même ! C'est la fameuse foi du Christ en tant qu'homme qui 'transporte' le souffrant regardé par Jésus dans le cœur de Dieu, dans le cœur du Père. Et cette foi qui est sienne, le Christ la donne en partage, lui notre « intercesseur dans le ciel » (cf. Rm 8, 34). Lorsque nous prions pour les malades, c'est avec un peu de la foi du Christ lui-même, quand il intercédait auprès de son Père pour un souffrant, qu'il importe de le vivre.

Nul doute que lorsque Jésus priait pour une personne précise, il la présentait à son Père, dont il connaissait la volonté, puisque la sienne lui était pleinement unie. C'est ainsi qu'il continue, aujourd'hui, dans et par l'Église, à présenter lui-même au Père le malade pour lequel nous sommes en train de prier, tout au moins dans la mesure où notre foi est quelque peu ressemblante à la sienne, quand il exerçait sur terre sa mission d'annoncer le Règne de Dieu.

De telles considérations nous aident à pressentir l'importance d'un rôle d'intercesseur ou d'un ministère de guérison. C'est finalement dans la foi du Christ – reçue en partage – que nous sommes invités à prier pour les malades, selon l'appel reposant sur nous. C'est pourquoi, en notre propre expérience d'intercession, cette foi se vit volontiers comme une attitude de confiance filiale à l'égard de notre Dieu.

Le charisme de foi

J'aimerais attirer l'attention du priant sur l'importance de la foi chez l'intercesseur, une foi active, encourageante, faite de conviction quant à la puissance du Seigneur de la Vie et d'attente de l'accomplissement d'une volonté divine. En effet, face à l'obtention possible d'un signe de guérison se dresse, chez le malade, un obstacle inattendu, que beaucoup ont du mal à accepter : celui de la peur.

Je ne parle pas ici d'un sentiment conscient de peur, auquel nous pouvons tous être exposés, mais d'une peur irrationnelle, celle d'être guéri, laquelle ne s'éveille que dans la situation précise où se vit une prise de conscience que la guérison pourrait effectivement survenir. J'ai par ailleurs remarqué que cette peur se manifeste comme obstacle à la grâce, spécialement dans un contexte de signe de guérison messianique (yeux, oreilles, membres ou structure osseuse malades).

Rappelons-nous la peur de Marie-José, au moment où elle réalisait qu'elle vivait une amélioration concrète de sa paralysie, peur qui aurait pu interrompre le processus de guérison pourtant entamé si elle s'y était arrêtée.

La foi dont je parle est le contre-poison de cette peur et stimule le courage du malade, courage nécessaire pour accepter le concret de la guérison, car il en faut effectivement !

Nous touchons ici la notion de charisme de foi, sorte de conviction intérieure surgissant sur l'instant (aspect transitoire du charisme), dépassant toute question d'émotivité excessive ou de volontarisme spirituel (qui en sont les caricatures). Cette certitude charismatique de foi est perçue par l'intercesseur, ou l'animateur de la prière, ordonnée à une 'cible' (une personne ou un groupe de personnes) malade. Il ne s'agit pas d'une certitude de la guérison, telle qu'on pourrait la souhaiter subjectivement ; il s'agit d'une conviction que Dieu veut être à l'œuvre, mais que des peurs profondes inhibent l'accueil de sa volonté (qui peut être le signe de guérison).

> La première fois que j'expérimentai avec force – mais sans le connaître – ce charisme de foi, ce fut au cours de la session charismatique proposée par la Communauté des Béatitudes à Ars, en 1985. La communauté avait organisé une veillée de prière pour les malades et nous nous apprêtions à aller prier sur chaque souffrant en pratiquant le geste de l'imposition des mains pour accompagner l'intercession d'un acte concret. Ce geste est classiquement signe de communion et d'attention fraternelle au souffrant. Il n'a, en lui-même, aucun 'pouvoir' particulier, comme des interprétations 'magiques' pourraient le suggérer. Jésus, dans les Évangiles, aimait toucher les malades qu'il allait guérir. Il joignait en quelque sorte le geste à la parole...
> Les malades étaient fort nombreux ce soir-là et nous avions prévu un bon nombre de frères et sœurs de la communauté pour prier avec chacun. Je regardais les rangs de malades en fauteuil roulant et me disposai à affronter dans la prière la première personne se présentant à moi. Sans que j'y prenne garde, mon regard s'attarda sur une jeune femme, manifestement paralysée des jambes. Je ne la connaissais pas, mais une certitude intérieure naissait en moi : le Seigneur m'envoyait vers elle car Il 'avait son plan'. Je m'approchai d'elle... il fallait d'abord nouer un contact rassurant (c'est tout au moins cela que j'ai perçu comme urgence).
> « Comment vous appelez-vous ? »
> « Chantal. »
> « Vous avez quel âge ? »
> « Vingt-quatre ans. »
> « Depuis quand êtes-vous dans ce fauteuil ? »
> « Depuis l'âge de dix-neuf ans. J'ai eu un accident de moto qui m'a coupé la moelle épinière. »
> « Avez-vous pu récupérer un peu ? »
> « À gauche, je peux à peine bouger ma jambe, mais à droite, elle est définitivement fichue. »
> « Aimeriez-vous que le Seigneur fasse quelque chose pour vous ? »
> Triste sourire désabusé comme si la question ne la concernait pas.
> J'étais de plus en plus saisi par cette conviction bien particulière.
> « Et si Jésus voulait vous guérir ? »
> « Pourquoi moi ? ... Et tous les autres ici ? Ils sont malades, eux aussi. »
> Le grand argument !

« Ne vous préoccupez pas des autres aujourd'hui. Le Seigneur sait s'en occuper en temps opportun. Pensez à vous, parce que c'est de vous qu'il s'occupe maintenant, nous allons prier ensemble… ».
Sans répondre, elle baisse la tête et ferme les yeux. Quelques minutes plus tard, je demande :
« Ressentez-vous une sensation spéciale dans votre corps ? »
« Pas vraiment (d'un air de dire : ne vous fatiguez pas davantage) ».
Alors je fais mine de me mettre doucement en colère.
« Chantal, ne vous découragez pas avant l'heure. Si Jésus veut agir aujourd'hui, il le peut, mais il a besoin de votre collaboration. C'est comme si vous aviez peur de lui. Demandez qu'il vous touche. Je sais qu'il souhaite le faire. »
Je redoutais d'être un peu 'manipulateur d'espérance', mais c'était ainsi que j'étais conduit à me comporter, comme s'il fallait vaincre un écran de peur chez Chantal. Quelques minutes après, je redemandai :
« Vous ne sentez toujours rien ? »
« Si… comme un faible courant électrique dans les jambes et le bas de la colonne vertébrale. »
…signe encourageant, mais bien ténu…
« Essayez de bouger votre jambe droite. »
« Je n'y arrive pas » fit-elle en grimaçant.
Mais ma conviction intérieure ne se laissait pas effaroucher par cet échec apparent.
« Continuons à prier ! »
Les organisateurs commençaient à se dire qu'à ce train-là, la veillée risquait de durer toute la nuit.
« Nous allons prendre les choses par la foi ! Mettez-vous debout, on va vous aider. »
Après un court moment d'hésitation, Chantal prend appui sur les accoudoirs du fauteuil, soutenue aux aisselles. Elle était si fragile sur ses jambes amaigries. Je pressentais qu'il fallait l'encourager, l'inviter à la confiance, l'aider à vaincre ses hésitations. Elle fit un pas, précautionneusement, toujours assistée, puis un autre, puis un troisième.
M'enhardissant, je lui retirai l'appui de mon bras. Elle se tenait debout, seule, chose inenvisageable quelques minutes auparavant. Se voyant privée de sa sécurité, elle eut peur et vacilla. À nouveau j'entrepris de stimuler son courage, avec ce que je crois être maintenant une forme de charisme de foi. Elle se ressaisit et marcha seule, laborieusement au départ, mais dans une assurance croissante qu'une force surnaturelle affermissait ses

pas. À reculons, je la précédais, les bras ouverts pour la retenir si jamais elle chutait. Mais cela ne fut pas nécessaire car elle fit le tour de l'autel, sur quelques dizaines de mètres, dans un tonnerre d'applaudissements. Dieu visitait son peuple !
Chantal mit quelques jours à récupérer une marche normale, à cause de ses muscles atrophiés. Quelques semaines plus tard, elle dansait au mariage de sa sœur, et trois mois après, elle réussissait sans problème son examen de conduite automobile.

Guérison et croissance de la foi

Mais la notion de foi intervient d'une autre manière dans la prière pour les malades, cette fois du côté de celui qui reçoit une grâce de guérison. Cette dernière invite toujours à une croissance dans la foi, selon des modalités et un cheminement fort variable. Il semble que le Seigneur ait besoin de la foi de la personne guérie pour pouvoir aller jusqu'au bout de la grâce accordée. Cet aboutissement se trouve en fait dans la notion de vraie guérison évoquée plus haut.

Dieu n'a pas besoin de la foi préalable du malade pour opérer en lui un signe de guérison, mais en revanche, une certaine croissance de foi est nécessaire pour le mener sur le chemin de la vraie guérison.

J'ai rencontré Annie en février 1995 à la fin d'une célébration eucharistique. Je ne l'avais jamais vue auparavant, mais son grand regard triste m'intriguait, et pendant la messe, je m'étais dit qu'il fallait absolument que je l'aborde, ce que je fis. Accompagnée de son mari, elle sortait de la chapelle lorsque je me suis trouvé en face d'elle, fixant mon regard sur elle avec sympathie. Il fallait faire un petit effort car, surprise, son visage était ravagé par des petits furoncles peu esthétiques. Je ne l'avais pas remarqué pendant la célébration à cause de la distance et j'avoue que c'est surtout son regard qui m'avait interpellé.
Elle détourna la tête, gênée, pendant que je la saluais, ainsi que son mari Jean-Claude, et je les attirai à l'écart dans un souci de discrétion. Cavalièrement, je demandai à Annie ce qui n'allait pas. Après hésitation, elle me raconta en quelques mots sa détresse : mariée depuis quatre années à un charmant jeune homme qu'elle aimait beaucoup, elle était médicalement déclarée stérile, du fait d'une maladie handicapante, aux symptômes ingrats (les furoncles sur le visage et tout le corps),

qui la rendait amère et très négative sur elle-même. Aucun traitement ne marchait et elle était désespérée.
« Pensez-vous que le Seigneur puisse faire quelque chose pour vous ? »
« Je n'y crois plus, ça fait trop longtemps que j'attends sans qu'il se passe rien ; je suis de plus en plus pénible avec Jean-Claude, je suis une vraie peste. »
« Bon ! Si on priait ensemble quelques instants ? Je crois, quant à moi, que le Bon Dieu ne veut pas vous laisser dans cet état. »
« Si vous voulez... mais dépêchez-vous, j'ai froid ! »
L'accueil n'était pas très encourageant, mais il ne fallait pas se laisser décontenancer. Nous avons prié quelques minutes. J'avais une sorte de conviction intérieure que le Seigneur voulait cette prière. Au bout de dix minutes, Annie soupirait d'impatience ; j'avais la tentation de la considérer effectivement comme une peste et surtout, rien n'avait changé.
Je l'ai quitté sur une parole de consolation : « Je crois que quelque chose va changer en vous ; soyez attentive, et demeurez dans la prière. Si vous remarquez une évolution, téléphonez-moi tout de suite, c'est très important ! Quant à moi, je continuerai de prier chaque jour pour vous. » Je redoutais effectivement qu'Annie oublie notre rencontre et reste dans son désarroi.
Trois jours plus tard, je reçus un coup de téléphone : « Dites, M. Madre, ça marche votre truc ! Je n'ai plus aucun bouton sur le corps ; c'est super. Jean-Claude et moi sommes très heureux ! »
« Tout d'abord, ma chère Annie, ce n'est pas 'mon truc' ; c'est Jésus qui vous montre qu'il vous aime... et puis maintenant j'espère que vous allez oser croire en la venue d'un bébé. »
« Oh ! Vous ne pensez pas que ça puisse aller jusque-là ; ce serait trop beau ! »
Je faillis me fâcher, mais me contentai de répliquer : « Ayez foi en Dieu ! Il a commencé quelque chose en vous ; Il va continuer. Priez chaque jour un instant avec votre mari et avertissez-moi quand vous serez enceinte » et je raccrochai en me promettant de prier également, en rendant grâce.
Quelques mois plus tard, autre coup de téléphone d'Annie, en larmes et très agressive : « Il s'est bien fichu de moi, votre Bon Dieu ! J'étais enceinte, et je viens de faire une fausse couche. »
« Annie, je comprends votre souffrance. Une fausse couche est un évènement douloureux, surtout dans votre situation. Mais cela veut dire aussi que vous avez été enceinte, donc guérie de votre stérilité. »
« Oui, mais pourquoi il a permis cela ? »

« Je ne sais pas pourquoi, mais ce que je peux vous dire, c'est que vous avez encore des progrès à faire dans la confiance en Dieu. Il vous montre qu'il s'occupe de vous, et dès que cela ne va pas comme vous le voulez, vous vous révoltez contre lui. Ne pensez-vous pas qu'il attend autre chose de vous ? »
Grand silence au bout du fil. Je réitérai à Annie ma promesse de prier chaque jour pour elle, et lui demandai de me téléphoner quand elle serait enceinte à nouveau.
J'ai dû patienter six mois avant d'avoir de ses nouvelles. Rayonnante, elle s'exclama : « Ça y est je suis enceinte de quatorze semaines et tout se passe bien. Si vous saviez comme on est heureux… dites-moi comment Jean-Claude et moi, on pourrait mieux connaître le Bon Dieu ».
Elle accoucha plus tard d'un magnifique petit garçon suivi, une année plus tard, d'un second. Mais à travers cette grâce de guérison, toute la vie du couple fut transformée, enracinée dans une vie de prière et engagée dans des activités diocésaines importantes. Le signe de guérison s'ouvrait à la vraie guérison (non encore terminée, bien sûr), sur la base d'une manifeste croissance dans la foi. Pour Annie et Jean-Claude – comme pour tous les autres – Dieu avait guéri pour 'attirer dans la foi active'.

11

Pourquoi Dieu fait-il attendre ?

Le Dieu de midi moins cinq...

Céline est mariée depuis huit ans et a pu mettre au monde un enfant, un garçon, David, en pleine santé. Mais peu de temps après la naissance de David, une maladie sérieuse, qui a nom polyarthrite rhumatoïde, s'attaque à Céline, déformant ses hanches et ses genoux, causant des crises douloureuses aiguës, et l'empêchant également de marcher. Suivie par les médecins, elle en est réduite à se déplacer avec l'aide de béquilles, dans un mouvement de déhanchement, lui-même fort handicapant. Elle a l'impression que la moitié inférieure de son corps n'est que douleur. Pas question, dans un tel état de santé, de penser à un second enfant... Son mari est désolé, aussi bien du fait de la maladie de sa femme que de cette impossibilité d'engendrer un autre enfant.

Avec Jean, son mari, elle m'accoste pour la première à la fin d'une prière pour les malades dans une paroisse de Toulouse, implorant que l'on prie ensemble.

« Mais nous venons d'avoir une célébration pendant deux heures, vous ne pensez pas que nous avons déjà prié pour vous ? » répliquai-je le plus délicatement possible.

J'ai toujours trouvé curieux que des personnes insistent pour que l'on prie à nouveau pour elles, individuellement, comme si une célébration pour les malades ne les concernait pas personnellement. J'ai toutefois compris depuis longtemps qu'il était préférable de se faire une raison, sachant bien que cette attente n'est pas très légitime, mais qu'un trop plein de souffrance la rend pleinement compréhensible.

« Je vous en prie, rien que quelques instants... »

Comment refuser ? nous avons prié quelques instants, et Céline est repartie, contente et toujours malade !

Deux mois plus tard, avec son mari, elle se trouve un samedi soir à la prière de guérison de la Communauté des Béatitudes de Cordes. À nouveau, elle réclame la prière, sans 'résultat' apparent...
Des circonstances analogues se reproduisent à plusieurs reprises, la laissant à chaque fois un peu plus désolée de n'être pas visitée par le Seigneur. Sa maladie ne cesse de s'aggraver et le handicap se fait toujours plus lourd et douloureux.
Six mois plus tard, à nouveau à Cordes, elle m'aborde avec insistance en demandant un temps de prière. Je ne sais s'il faut admirer une telle persévérance ou en être agacé, mais j'acquiesce devant les larmes qui coulent de ses yeux et que l'on sent sincères. Pendant cette brève intercession, des sensations étranges et tout à fait inhabituelles se produisent dans son bassin et sa colonne vertébrale. C'est la première fois, alors que de nombreuses prières ont déjà été faites pour Céline. Intrigué, je l'emmène à l'écart avec son mari, en un endroit où nous pouvons prolonger notre prière dans la discrétion. L'élan de foi est beaucoup plus net que précédemment chez Céline et elle éprouve la curieuse sensation que son corps se 'dénoue'. Dix minutes plus tard, elle peut marcher plus aisément, avec l'appui d'une seule béquille, et un déhanchement bien plus faible qu'auparavant. Je la quitte en l'exhortant à la confiance et en lui suggérant de mouvoir son corps sans crainte et dans la prière, avec l'aide de son mari, car Dieu semble avoir commencé de guérir...
Un mois plus tard, c'est une Céline totalement transformée qui vient me voir, marchant seule, sans appui, sans douleur, souriante. Les médecins venaient de lui confirmer sa guérison, non seulement de sa polyarthrite (les bilans sanguins, d'alarmants, étaient devenus normaux), mais aussi des complications débutantes de sa maladie. Pleine d'un tonus retrouvé, souriante et joyeuse, souhaitant témoigner, Céline avait repris une vie normale et envisageait une nouvelle grossesse prochainement. Elle m'a laissé sur une question, à laquelle je n'ai pu fournir sur l'instant de réponse pertinente :
« Dites-moi... vous avez prié pour moi souvent, et d'autres aussi ont prié pour moi. En ce qui concerne les prières que l'on a dites pour moi, j'ai été gâtée, mais pourquoi le Bon Dieu ne m'a guérie que maintenant ? Il aurait pu le faire la première fois. On dirait qu'il s'est amusé à me laisser me démener avec ma maladie avant de me guérir. En riant à moitié, mon mari m'a dit que le Seigneur était peut-être un peu sadique... Cela m'a choquée, c'est vrai ; mais quand même, pourquoi m'a-t-il fait autant attendre ? Est-ce qu'il fait ça avec tous ceux qu'il a l'intention de guérir ? »

Il est vrai que notre Dieu est souvent le « Dieu de midi moins cinq » : son œuvre de guérison, quand elle devient effective, semble s'opérer avec lenteur ou retard, voire au dernier moment, juste avant que la désespérance ne survienne.

Pourquoi Seigneur ?

Tant de croyants veulent mettre en toi leur confiance et sombrent dans la déception lorsque tu uses à leur égard d'une telle attitude.

Un tel constat peut susciter l'espérance, si l'on ose croire qu'il n'est jamais trop tard pour attendre de Dieu une grâce de consolation. Mais est-ce suffisant pour expliquer et rendre acceptable cet apparent retard de Dieu à visiter son peuple ?

Une affirmation de foi devrait nous rassurer fondamentalement : Dieu écoute toute prière faite avec confiance et sincérité de cœur. Pourtant cet exaucement ne s'opère pas toujours selon nos propres représentations de ce qu'il 'devrait être'. S'il arrive à Dieu de faire attendre, c'est que, dans sa providence, il doit avoir quelque bonne raison. Laquelle ?

Un premier élément de réponse consiste à rappeler que la foi de la personne ou de celle (s) qui la porte (nt) vers le Seigneur est requise, à un degré que nous ignorerons toujours. Cependant la sagesse divine connaît ce 'niveau nécessaire de foi' et se sert des évènements pour qu'une éducation à un authentique 'plus' de foi soit vécue. Nous attendons impatiemment la grâce de guérison, et c'est en fait le Seigneur qui attend que nous soyons en capacité de l'accueillir par la foi, d'où une impression d'incohérence, voire d'anarchie, dans la pédagogie divine. Nous n'avons alors pas encore compris que Dieu ne guérit pas l'homme sans l'homme... Une telle manière divine de faire est certes expérimentée comme inconfortable, voire révoltante par certains. Mais en vérité, au regard de Dieu, y en a-t-il une autre ?

> Au cours d'une célébration de prière pour les malades à Loyola (Espagne), en juin 2001, retentit une parole de guérison (autrement nommée parole de connaissance immédiate), annonçant la guérison intérieure d'un homme de soixante-sept ans souffrant d'une angoisse de culpabilité terrible et permanente depuis quatre années, liée à la conviction d'être responsable de la mort de sa femme. Francis s'est reconnu pleinement dans cette parole : il y a quatre années, sa femme, atteinte d'un cancer du sein métastasé, l'avait supplié de l'emmener en pèlerinage à

Lourdes pour le 15 août, car elle pressentait que la Vierge Marie voulait l'y visiter. Francis n'en avait aucunement envie, ayant du mal à croire que la vie de son épouse était en danger. Il s'en était tiré en simulant une fatigue et en répondant : « Nous irons l'année prochaine, ce sera bien assez tôt ! » Sa femme s'était résignée... et avait rejoint le Seigneur trois jours plus tard.
Rongé par le remords, Francis ne s'en état jamais remis. Il se pensait continuellement coupable de la mort de sa femme. « Si je l'avais emmenée à Lourdes, elle serait peut-être en vie aujourd'hui ! C'est de ma faute si elle est morte ! »
Francis avait fréquenté beaucoup de prêtres ou de conseillers spirituels pour essayer de pacifier ce sentiment de culpabilité, vainement. À plusieurs reprises, il s'était tourné vers la prière d'intercession, et le Bon Dieu semblait le négliger, ce qui ne faisait qu'accroître son angoisse : il avait tué sa femme en ne l'emmenant pas à Lourdes le 15 août. Toute son existence devenait absurde et s'il n'avait pas eu la foi, il se serait probablement suicidé. Mais avec un tel fardeau de culpabilité, il ne pouvait plus vivre vraiment... juste survivre. Sa supplique à Dieu était infructueuse : la guérison du cœur, sorte de paix qu'il demandait à son Seigneur, ne venait pas.
À Loyola où je donnais une conférence sur la justice et la miséricorde de Dieu, Francis était là, attentif, mais tourmenté par ce qu'il pensait être sa faute. Pourtant il espérait toujours être libéré de cet enfer intérieur. En entendant cette parole de guérison durant la prière qui suivit l'enseignement, en ressentant une libération profonde, comme si une chape de plomb disparaissait, il sut que la guérison intérieure était proche. Quelques minutes plus tard, tout son horizon de vie avait basculé. La paix était là et le souvenir de sa femme, même douloureux, ne le plongeait plus dans une angoisse morbide. Il se sentait pardonné et guéri tout à la fois.
Mais Dieu l'avait fait patienter, le menant sur une voie de plus grande confiance sans qu'il s'en rende compte. Entre la première intercession et l'évènement de ce jour, que de chemin parcouru dans la foi. Dieu ne l'avait pas oublié, il l'avait fait grandir...

Beaucoup d'histoires de guérison ressemblent à celle de Francis. Mais combien acceptent de ne pas se décourager, de vivre une école toute spirituelle de confiance en Dieu ? Si certains – malades ou intercesseurs – refusent de persévérer en se laissant éduquer ainsi, la guérison pourra-t-elle cependant germer ?

Les espoirs ne sont pas toujours en un sens d'espérance

Cette première réflexion est loin de tout expliquer et un autre élément peut nous éclairer : en maintes situations, le Seigneur commence à guérir, et nous ne le voyons pas, tant notre attente s'oriente dans une autre direction. Nous regardons là où nous souhaiterions qu'il agisse, alors qu'il déploie déjà son action dans un autre domaine de notre existence, et nos yeux sont comme empêchés de le reconnaître. Nous tenons parfois coûte que coûte à une guérison précise, pour nous-mêmes ou pour un proche, et ne savons pas discerner les signes de l'action divine sous une autre modalité... Il s'agit presque d'une politique de l'autruche face à l'œuvre de miséricorde du Seigneur. Comment, en ce cas, accueillir le don de Dieu ?

Ce genre de confusion regrettable entre guérison intérieure et guérison physique se rencontre fréquemment. Beaucoup de personnes, malades dans leur corps, attendent de Dieu un soulagement physique et ne le voient pas se produire. En revanche, elles peuvent recevoir une grâce de guérison intérieure, plus précieuse qu'une guérison physique, et la laisser totalement échapper faute de la reconnaître et de s'en saisir.

> Hélène, trente-deux ans, avait un comportement pré-schizophrène. C'est du moins ce que les psychiatres prétendaient. Haïssant son père qui l'avait traumatisée durant des années, au cours de sa petite enfance, l'enfermant dans le noir chaque soir et la privant de nourriture, elle était devenue une adulte incohérente, s'isolant en elle-même, traversant des phases d'agressivité sérieuse, très instable, et ne pouvant conserver un emploi plus de quinze jours. Inquiète depuis peu au sujet d'une tumeur douloureuse au sein dont on ne savait trop si elle était bénigne ou maligne, elle était venue à une prière pour les malades à Cordes, espérant recevoir un signe de guérison physique. Elle se disait même que si ce signe était obtenu, elle retournerait à l'Église (qu'elle avait délaissée dès l'adolescence).
>
> Tout au long de la prière, elle gardait la main sur la poitrine, essayant de ressentir un mieux possible. Mais rien n'évoquait une amélioration. La tumeur ne bougeait pas, la douleur non plus... Pourtant elle tentait de prier avec ferveur. Mais au bout de deux heures environ, constatant qu'aucun soulagement physique ne se produisait, elle partit, révoltée.

Ce n'est que le lendemain matin qu'elle prit conscience que cette haine vis-à-vis de son père, qui ne l'avait jamais quittée depuis l'enfance et suscitait des comportements parfois aberrants, avait totalement disparu. Ce fut le choc de la surprise. Dieu avait guéri son cœur, pas son corps et cela lui semblait à présent beaucoup plus important !
En deux semaines, son existence changea complètement et ses traits de comportement pré-schizophrène s'estompèrent sans difficulté. Elle était devenue une autre femme qui plus est, la tumeur fut diagnostiquée comme étant bénigne, et accessible à un traitement efficace.
Hélène n'avait pas vu Dieu commencer à agir là où il avait accompli son œuvre de miséricorde !

La confusion existe aussi chez l'intercesseur venu prier pour l'un de ses proches et se 'concentrant' tellement sur son intention qu'il ne voit pas que la grâce de guérison est en train de le toucher lui-même.

Camille, soixante-neuf ans, est mère et grand-mère. Atteinte de troubles parkinsoniens occasionnant des tremblements pénibles de son bras gauche, qui la rendent invalide à ce niveau, elle n'en a cependant cure. Elle est venue, ce 2 août 2000 à une grande assemblée pour les malades près de Nîmes parce qu'elle a décidé de demander une grâce particulière au Seigneur : celle de la réconciliation de son fils avec sa belle-fille, car le couple est au bord du divorce, et les enfants souffrent terriblement de cette situation.
Elle prie d'emblée avec ferveur pour la guérison de ce couple et de cette famille. M'approchant d'elle, ému par l'intensité de son intercession, je lui en demande le motif afin de m'y associer.
« C'est pour mon fils, qui est sur le point de se séparer de sa femme. Je supplie le Seigneur de le ramener sur le chemin de son mariage et de la fidélité à leur union. »
« Mais vous-mêmes, vous semblez souffrir de votre bras, n'est-ce pas ? »
« Oui, mais ce n'est pas important ! C'est mon fils qui compte. »
Nous prions ensemble, en silence, demandant que la volonté de Dieu soit faite pour cette famille. Quelques minutes après, je lui demande :
« N'avez-vous pas l'impression que votre bras s'agite moins ? »
« Je n'en sais rien, ça ne m'intéresse pas ! »
La prière se prolonge, pendant que le sacrement des malades est donné par les prêtres à ceux qui peuvent le recevoir.
« Je vous assure, insisté-je, votre bras a l'air d'être tranquille. »

« Laissez-moi avec ça, je vous répète que je suis venue pour autre chose ! »
« Sans doute, mais si le Seigneur vous soulage de votre maladie de Parkinson, c'est peut-être sa manière à Lui de vous exaucer. Accueillir votre propre guérison sera sûrement important pour l'avenir de vos enfants... »
« Vous croyez ? »
« Que perdriez-vous à le vivre ainsi ? »
Camille considère son bras et découvre avec étonnement qu'elle ne souffre plus de tremblements.
« C'est peut-être une accalmie passagère ? » commente-t-elle.
« Là n'est pas la question ! si le Christ vous touche à présent dans votre corps, vous devez le prendre par la foi. »
« Mais... et mon fils ? »
« Attendez quelques jours pour vérifier que la guérison est réelle, voyez votre médecin au besoin. Puis allez raconter cela à votre fils, vous verrez... »
Quelques semaines plus tard, je recevais un courrier de Camille m'expliquant que, la guérison étant confirmée, elle avait porté témoignage à son fils, alors qu'elle était venue prier pour lui. Ce dernier avait été bouleversé, même si son rejet de Dieu demeurait. Ce fut le 'déclic' qui le décida à retrouver progressivement son épouse et à cheminer avec elle d'une manière nouvelle dans le mariage.

Le couple est aujourd'hui 'sauvé', mais que serait-il arrivé si Camille n'avait pas fait attention à sa propre guérison, laquelle constituait manifestement (quoique dans une lecture a posteriori) le maillon-clé de la guérison de toute la famille... ?

Toute histoire de guérison 'hors d'un projet humainement prévu' n'est sans doute pas si heureuse dans son dénouement. Ainsi semble-t-il parfois que le Seigneur guérisse 'anarchiquement', c'est-à-dire sans rapport avec l'intention qui est nôtre, et les fruits ne s'étendent pas toujours au lieu ou à la personne que nous souhaitions initialement voir guérir. Mais il y a cependant toujours – il faut le croire – une perspective de la sagesse divine, qui fait le lien entre guérison souhaitée et guérison effectivement obtenue, un lien que nous mettons parfois des années à saisir...

Dieu fait semblant de faire attendre, et l'Évangile nous en fournit quelques exemples frappants, tout spécialement celui de la résurrection de Lazare (cf. Jn 11), où l'attitude du Christ surprend. En effet,

Jésus aimait Lazare, nous est-il précisé. Les Évangiles ne se donnent pas la peine de nous éclairer sur l'amour de Jésus pour tous ceux et celles qu'il a guéris. Mais dans cette histoire, une telle information nous fait pressentir qu'au-delà d'une apparente contradiction, une leçon de sagesse nous est accordée.

La résurrection de Lazare, parabole du « retard de Dieu »

Pourquoi Jésus, apprenant que son ami Lazare est au plus mal, ne se dépêche-t-il pas de partir pour le guérir, ce qu'il a fait dans de nombreuses autres circonstances analogues… ?

Il nous donne lui-même la réponse : *« Cette maladie n'est pas mortelle ; elle est pour la gloire de Dieu »* … et il reste sur place, sans se précipiter au secours de Lazare et de ses sœurs Marthe et Marie.

Pas mortelle ? Qu'est-ce à dire ? Lazare est bel et bien mort quand Jésus arrive sur les lieux, quelques jours après le décès…

Elle est pour la gloire de Dieu ! est-ce en référence avec l'ampleur du prodige qu'il va réaliser ? Une résurrection n'est tout de même pas monnaie courante, même de la part de Jésus ! L'Évangile ne nous en rapporte que trois, et dans des circonstances fort diverses…

La Gloire de Dieu est-elle dans la résurrection de Lazare, ou dans autre chose ? Certes, cette résurrection met en relief cette question de gloire divine manifestée à travers le comportement de Jésus et ses fruits. Mais la gloire est surtout liée au témoignage que le Père exauce toujours Jésus, et que c'est dans ce but que le Christ fait monter vers son Père cette magnifique prière de confiance filiale qui bouleverse les cœurs des gens alentour. Et Jésus ordonne à Lazare de sortir – vivant – du tombeau. Le Père n'a rien à refuser à son fils unique, le Christ, et il le prouve en ressuscitant Lazare en témoignage de la puissance confiante de la prière de Jésus.

Voilà pourquoi cette maladie de Lazare était pour la gloire de Dieu, car même si elle a abouti – pour un temps – à la mort physique, le Christ, par sa prière filiale, sa confiance filiale, vainc la mort, au cœur d'une circonstance où la gloire de Dieu va être manifestée, c'est-à-dire offerte en témoignage aux gens d'alentour et, par répercussion, à toute la contrée environnante.

L'Évangile nous précise un peu plus tard que c'est (entre autres) à cause de Lazare ressuscité que les autorités juives vont décider de faire mourir Jésus : illustration significative de ce combat des ténèbres vis-à-vis de tous les lieux ou circonstances au sein desquelles la gloire de Dieu entend se manifester…

> L'histoire d'Henriette est, en ce sens, significative. Atteinte d'un cancer de l'utérus, étendu au foie et au poumon, Henriette est condamnée par la médecine. Elle n'a plus que quelques semaines à vivre. Elle assiste à une assemblée de prière pour les malades qui a lieu à Saint-Denis de la Réunion en janvier 2000, où plusieurs milliers de personnes se massent autour du Christ ressuscité porté en procession eucharistique. Étonnée par les nombreux témoignages de guérison physique ou intérieure entendus, elle aspire légitimement à son propre soulagement, d'autant plus qu'elle vient d'apprendre le pronostic fort sombre des médecins. Si Dieu n'intervient pas, elle n'en a plus pour longtemps à vivre…
>
> À cette époque, je ne la connaissais pas, et n'avais pas même remarqué sa présence; elle était là entourée de quelques membres de sa famille.
>
> Un an plus tard, lors d'une nouvelle mission à l'île de la Réunion où l'on me demande d'animer une prière pour les malades, devant une foule impressionnante, je vois une femme - c'était Henriette - monter sur le podium et s'approcher du micro, avant même que ne commence la célébration et que les gens n'aient fini de s'installer.
>
> « Chers frères et sœurs, je souhaite rendre grâce au Seigneur pour la merveille d'amour qu'il a accomplie pour moi ces derniers temps. J'étais à la célébration pour les malades il y a tout juste un an. À l'époque, je souffrais d'un cancer en phase terminale et je n'avais plus aucune force. J'avais peur de mourir. Pendant la prière de guérison, je n'ai rien ressenti de particulier et je suis repartie chez moi après, déçue de n'avoir pas été touchée par le Seigneur… tout au moins le croyais-je !
>
> Progressivement, dans les semaines qui ont suivi, je me suis sentie plus forte, et les douleurs diminuaient; mais le cancer semblait toujours là. Les médecins m'ont même dit que j'étais dans un état stationnaire et que les traitements ne serviraient à rien. Il valait mieux attendre. Alors j'ai attendu, sans penser que j'étais en train de guérir. Je priais volontiers chaque jour, et une paix s'est lentement installée en moi.
>
> Ce n'est qu'il y a quelques mois que les médecins ont remarqué que les signes du cancer étaient plus faibles. Ils ne comprenaient

pas, et ils ont voulu refaire tous les examens. Cela a pris du temps, et j'avais rendez-vous avec eux ce matin même pour qu'ils me disent où j'en étais. Et ce matin, ils m'ont dit qu'il n'y avait plus aucune trace de cancer dans mon corps et qu'ils ne comprenaient pas pourquoi. Je suis guérie, et c'est justement aujourd'hui, alors que nous commençons une prière pour les malades, que j'en ai la confirmation et je voulais que vous soyez les premiers à le savoir. Je suis remplie de joie, et je souhaite que vous le soyez tous également. J'ai prié avec toute ma famille pour ma guérison, Dieu m'a fait attendre, mais il voulait sans aucun doute que la bonne nouvelle me soit donnée aujourd'hui pour que je vous en fasse profiter maintenant. »

Ce fut un grand moment de liesse, liée à la coïncidence bouleversante des évènements... un de ces temps où le ciel semble s'ouvrir pour laisser échapper quelques rayons de la gloire divine. Inutile de préciser que les grâces répandues ce jour-là furent abondantes, signes de guérison (messianiques ou non), signes de l'amour de Dieu pour tous.

Et plus mystérieusement encore...

Toutefois, ces quelques considérations n'expliquent pas tout de cette mystérieuse pédagogie d'un Dieu qui – selon notre perception humaine – fait souvent attendre, parfois jusqu'à la limite du supportable. Il est effectivement le « Dieu de midi moins cinq », et même « Celui de midi passé ». Nous touchons alors aux confins d'une espérance inaccessible à nos seuls projets humains.

Le témoignage de Marie-Hélène est – sous cet angle – fort touchant. À trente-quatre ans, Marie-Hélène était totalement paralysée des deux jambes du fait d'une sclérose en plaques très avancée. Elle était venue à un grand rassemblement charismatique à Hull, au Canada, au cours duquel on m'avait demandé un temps d'exhortation suivi d'une prière de guérison en collaboration avec un prêtre québécois fort connu en Amérique du Nord. Une fois encore, le Seigneur avait visité son peuple et de beaux signes de guérison avaient eu lieu, devant les caméras de télévision dont personne ne souhaitait pourtant la présence.

J'avais mesuré davantage combien il est nécessaire de s'affranchir de tout contexte extérieur lors d'une prière pour les malades, afin de ne s'occuper que de ce que la miséricorde divine veut susciter sur l'instant dans l'assemblée. Cela relève de l'attention à la présence du Christ au sein d'une foule, laquelle relativise toute forme possible de distractions ou d'obstacles. Les caméras peuvent être une forme majeure de distraction et d'indiscrétion durant ce genre de célébration, mais lorsqu'elles s'imposent, il convient de s'en affranchir pour demeurer libre d'accueillir les dons de Dieu.

La prière pour les malades était terminée. La foule quittait le stade lentement, bruyamment, dans la joie. Nous nous étions 'réfugiés' à plusieurs dans les vestiaires pour nous reposer un peu avant de partir nous-mêmes. Les préposés rangeaient déjà les milliers de chaises disposées sur le terrain pour l'occasion.

Je choisis de sortir par le stade, histoire de l'observer quelques instants, triste et vide. Une heure plus tôt, il vibrait sous l'intensité des chants de louange de tout un peuple.

Au loin, presque à l'opposé, je remarquai une personne en fauteuil roulant, seule. Intrigué, je m'avançai vers elle. C'était Marie-Hélène, seule, en larmes.

« Vous n'avez personne pour vous raccompagner ? »

« J'avais tellement espéré que Jésus ferait quelque chose pour moi aujourd'hui... je ne sais plus quoi faire. J'ai voulu rester encore un peu, même si tout le monde est parti... on ne sait jamais. »

« Vous n'avez rien ressenti pendant la prière ? »

« J'ai été impressionnée par la louange de tous ces gens. C'est la première fois que je voyais des chrétiens aussi joyeux et contents d'avoir la foi. »

« Et vous, vous avez la foi ? »

« Je ne sais pas trop... oui, je suppose, mais là, je ne sais plus que penser... »

Le contexte était quelque peu surréaliste. Un stade vide, jonché de détritus ; une jeune femme seule, paralysée, et moi, bouleversé par son histoire, mais épuisé par quatre heures de prière de guérison, et attendu par une douzaine d'évêques et de prêtres qui devaient commencer de s'impatienter.

« Écoutez, dis-je, nous avons déjà beaucoup prié cet après-midi, mais on va encore prendre quelques instants ensemble pour demander au Seigneur ce qu'il veut pour vous... mais je ne sais pas ce qu'il veut. Alors on lui confie simplement votre situation, d'accord ? »

« Oh oui ! Merci beaucoup ! »

La prière dura plus longtemps que je le lui avais annoncé, car des forces nouvelles jaillirent dans ses jambes. Je la pris par la main, sans la tirer pour autant, en lui demandant d'oser se lever. Cela me rappelait la guérison du paralytique de la Belle-Porte, dans le livre des Actes des Apôtres (3, 10). Elle se dressa sur ses jambes, inquiète mais confiante, et se mit à marcher. Pour un peu, profitant de notre présence dans un stade olympique, je lui aurais demandé de piquer un cent mètres, mais c'eût été évidemment prématuré. Aujourd'hui, elle pourrait le faire sans problème. Jésus l'avait guérie entièrement après la prière pour les malades ! Lorsque ses amis vinrent rechercher Marie-Hélène, grande fut leur surprise. Ils n'eurent plus qu'à replier le fauteuil roulant devenu inutile, pendant qu'elle quittait le stade sur ses jambes, et dans la joie.

Concernant les signes de guérison, notre Dieu ne se laisse pas enfermer dans des contraintes horaires ou autres... Il est le Dieu de midi moins cinq, de midi moins une, de midi passé. Bref, il est toujours temps d'espérer en lui.

12

Qu'est-ce qu'une « parole de guérison » ?

Si l'expression ne paraît pas très appropriée, beaucoup cependant n'hésitent pas à l'utiliser, parce qu'ils ne connaissent pas le sens profond du charisme de guérison. Cette expression présente le redoutable inconvénient de présenter une grâce spécifique relevant du domaine prophétique comme une attitude magique.

Un agir charismatique prophétique

Divers témoignages cités dans les précédents chapitres ont 'mis en scène' la parole prophétique de guérison, annonçant une grâce 'thérapeutique' que le Seigneur était en train (donc : sur le moment) d'accorder à une ou plusieurs personnes précises. Cette parole dite de guérison ne s'avère, malgré les apparences, aucunement magique ; elle ne produit pas par elle-même l'effet qu'elle proclame. Sa fonction dans l'éventail des charismes est l'interpellation personnelle.

Il s'agit d'une sorte de prophétie simple, ordonnée à l'accueil, dans le présent, d'une grâce de Dieu. Le prophète n'appartient pas à une race à part, qui n'existait que dans l'Ancien Testament ou les débuts historiques de l'Église. Le baptême fait de chacun de nous un prophète potentiel (et plus précisément, selon la formule d'Église : prêtre, prophète et roi). Le tout est de s'entendre sur la notion de prophétie et de savoir s'affranchir des clichés logés au creux de nos mentalités. En outre, il convient de reconnaître que la fonction prophétique n'a jamais déserté l'Église tout au long de son histoire, jusqu'à aujourd'hui.

Classiquement, un prophète est une personne parlant au nom de Dieu sous l'effet d'une inspiration plus ou moins ponctuelle. Parler au nom de Dieu ne signifie pas dévoiler l'avenir. Prophétie n'est pas divination, tant s'en faut.

Parler au nom de Dieu, dans la puissance de l'Esprit Saint, est une action d'ordre charismatique. Ainsi sont dévoilées ou annoncées des réalités présentes ou peut-être à venir, que la plupart des personnes environnantes ne savent pas, ou pas encore, voir 'avec les yeux de la foi'. Cependant, ce dévoilement parcellaire et fugitif de perspectives méconnues n'est qu'instrumental et 'périphérique' d'une telle manifestation de l'Esprit. Le but recherché par cette stratégie divine est celui de la prise de conscience, du côté de l'homme, qu'une vie doit être changée, assainie ou différemment orientée, afin de mieux correspondre à l'attente de Dieu et peut-être d'éviter certains déboires ultérieurs possibles liés à quelque flagrant désordre (ou pis).

La parole de guérison s'inscrit dans cette dimension, parmi d'autres formes d'expression prophétique. Elle prend même un nom plus précis et plus approprié : le charisme de connaissance, ou parole de connaissance immédiate. En tant que charisme, elle repose sur les quelques critères exposés plus haut et peut s'exercer simplement (après discernement et confirmation) dans le cadre d'un groupe de prière, d'une grande assemblée, ou même d'une rencontre informelle, comme le suggère ce témoignage[16]. Il est nécessaire de préciser que celui qui reçoit cette parole de connaissance immédiate ignore tout de la personne concernée par celle-ci.

> Le P. Jean M., confirmé dans ce genre de charisme depuis fort longtemps, prend un jour en auto-stop une jeune femme apparemment désemparée, mais refusant tout dialogue. Saisi par une sorte de pitié profonde, et face à son mutisme notable, il se décide à intercéder pour elle en son cœur... tout en continuant à conduire sa voiture.
> Une heure plus tard, il perçoit en lui-même une parole de connaissance immédiate et se risque à ouvrir la bouche : « Votre angoisse ne viendrait-elle pas de ce que vous faites du spiritisme depuis plusieurs années et que vous venez récemment d'entrer dans une secte rosicrucienne ? »

16. Déjà cité dans « Le charisme de connaissance », collection Petits Traités Spirituels, Éditions des Béatitudes, mai 1995.

Déclaration audacieuse ! Il fallait oser… surtout au volant d'une voiture !
« Comment savez-vous cela ? » s'écria-t-elle, complètement stupéfaite.
Le prêtre commença à lui parler de Jésus. Le dialogue venait de s'ouvrir, ainsi que le cœur de cette jeune femme. Le dévoilement fugitif d'un « bout de clarté sur elle-même » avait creusé un désir de vérité et de connaissance de Dieu. La discussion se termina dans un confessionnal, d'où notre auto-stoppeuse sortit rayonnante et libérée de toute angoisse.

Par l'exercice tout à fait imprévu de ce charisme de connaissance, le P. Jean avait permis à l'Esprit Saint d'interpeller le cœur de la jeune femme manifestement en détresse.

C'est ainsi que la parole de connaissance immédiate se retrouve parfois au service de la prière de guérison, que celle-ci soit physique, psychique ou spirituelle. Par elle est annoncé prophétiquement ce que la grâce de Dieu est déjà en train d'opérer en une personne (ou en un groupe de personnes), laquelle pourrait sinon – ce n'est que trop souvent le cas, malheureusement – ne pas s'en rendre compte. La parole de connaissance immédiate évite ainsi le 'gaspillage' de la grâce et favorise l'accueil de cette dernière. N'oublions pas que le Seigneur ne guérit jamais l'homme sans l'homme et qu'une grâce de guérison, quoique déjà accordée, peut ne pas être accueillie, et donc ne porter aucun fruit sensible de soulagement.

La parole de connaissance immédiate favorise la prise de conscience d'une rencontre personnelle avec le Seigneur ; c'est pourquoi elle contient le plus souvent des précisions concrètes permettant à la personne concernée de se reconnaître et de pouvoir se dire : « C'est de moi qu'il est question à présent ! »

Charisme de connaissance et ministère de guérison

À la différence de la parole de foi (ou charisme de foi déjà évoqué), animée par la conviction d'une action de la grâce, sans précision de contexte ou de sens, la parole de connaissance immédiate annonce ce que le Seigneur aimerait faire précisément en une personne, laquelle est, par la dynamique même de cette parole, invitée à se reconnaître.

C'est une manière très spéciale d'être intégré à l'exercice d'un ministère de guérison. Elle constitue une sorte de facteur déclenchant d'une guérison qui n'est pas seulement celle qui a été prophétisée, comme ce récit nous le suggère.

> Lors d'une retraite que j'animais à Libreville, au Gabon, sur le thème de la guérison intérieure, un des animateurs reçut au cours d'un temps de prière, une parole de connaissance particulière : « Le Seigneur libère un homme d'une angoisse profonde liée au fait qu'à l'âge de vingt-trois ans, il a failli se noyer. Il est invité à entrer dans une confiance renouvelée en l'amour de Dieu pour lui. » Les précisions prophétiques se révélèrent authentiques : un homme se tenait effectivement dans l'assistance, inconnu de tous, mais effectivement angoissé depuis longtemps et ayant échappé à l'hydrocution de justesse quand il avait vingt-trois ans. Entendant cette parole inspirée, comment pouvait-il ne pas se reconnaître ? Il s'est alors avancé au pied de l'autel, dans un acte de confiance en Dieu, son angoisse ayant totalement disparu.
> L'histoire ne s'arrête toutefois pas là. La nuit suivante, il se réveille au milieu de la nuit, à nouveau angoissé, mais d'une autre manière, assez indéfinissable. Il vient me trouver le lendemain matin, inquiet du phénomène. Mais le temps de prière et de dialogue que nous prenons ensemble lui fait prendre conscience d'une problématique profonde inattendue et jusque-là ignorée : il était habité d'une haine violente à l'égard de sa mère. La parole de connaissance immédiate ne l'avait aucunement révélée. Mais sans s'en douter encore, il entrait dans une autre étape de la guérison intérieure.
> Notre homme nia dans un premier temps, malgré cette évidence, car il vénérait sa mère, décédée depuis quelques années. Toutefois un évènement lui revint en mémoire, tel un flash : vers l'âge de huit ans, il avait surpris sa mère en flagrant délit d'adultère. Depuis lors, il la haïssait dans son cœur d'enfant (que l'on ne perd jamais entièrement, surtout quand il est blessé !), tout en la vénérant par ailleurs.
> Il comprit alors qu'il devait apprendre à pardonner à sa mère (même défunte), ce qu'il put vivre aisément, et la nouvelle angoisse disparut définitivement en quelques jours.
> La parole de connaissance immédiate avait ouvert un chemin de guérison intérieure et interpellé cet homme à y collaborer lui-même.

J'insiste inlassablement sur la capacité d'interpellation du charisme de connaissance, favorisant ainsi l'ouverture du cœur à la miséricorde divine et à la 'guérison – conversion' d'un pan d'existence.

Parole de connaissance immédiate et réconciliation

Une nouvelle anecdote nous éclairera plus encore sur le champ d'action possible de la parole de connaissance immédiate dans le cadre d'un ministère de guérison.

> Un évêque français rend visite un certain samedi soir à la Communauté des Béatitudes de Cordes, juste à la date de l'office de prière pour les malades. Il l'ignorait, nous lui avons proposé d'y assister et, s'il le souhaitait, de confesser les personnes qui le désireraient, car nous manquions de prêtres (ils étaient cinq) pour un groupe si important en nombre.
> « Je veux bien prier avec vous et confesser, nous dit-il, mais vos 'trucs charismatiques', je n'y vois guère d'intérêt, surtout cette question de charisme de connaissance. Franchement, je n'y crois pas trop, et je redoute toujours une pression sur les personnes. »
> Notre réponse fut directement inspirée de l'Évangile : « Monseigneur, venez et voyez… par vous-même. »
> Curieusement, il y eut ce soir-là un grand nombre de paroles de connaissance immédiate, alors qu'en fait, ceci n'a rien de nécessaire pour le déroulement d'une prière pour les malades. Les prêtres – et l'évêque – confessèrent plusieurs heures de suite. Les signes de guérison accordés par la providence divine furent nombreux et beaucoup de gens furent renouvelés dans leur foi chrétienne.
> Plus tard dans la soirée, l'évêque nous rejoignit, très ému : « Écoutez, nous témoigna-t-il, je ne comprends toujours pas grand-chose à cette histoire de charisme de connaissance, mais je suis sûr d'un point : Dieu y est pour quelque chose ! Je n'ai jamais, de toute ma vie de prêtre, reçu des confessions d'une telle qualité. C'est vraiment un charisme qui aide à entrer dans l'Église. Beaucoup de ceux qui ont vécu le sacrement de réconciliation ont été comme guidés par la parole de connaissance immédiate qu'ils ont reçue… alors, je peux vous dire une chose : si vous restez prudents, continuez à l'exercer quand cela est donné, car il est vraiment au service de la guérison du cœur de l'homme. »

De fait, ce genre de charisme est susceptible de se manifester lors de célébrations pour les malades et doit être exercé avec prudence, sachant qu'il n'est qu'au service de cette célébration, et non pas au cœur de celle-ci. Pourquoi refuser les dons de Dieu, même s'ils dérangent quelque peu nos tranquilles certitudes intellectuelles ? Toutefois, comme pour tout charisme, la dimension subjective inhérente à son exercice implique le respect de certaines 'règles disciplinaires' fort opportunes que le document romain propose à juste titre.

Variations sur la parole de connaissance immédiate

Une parole de connaissance immédiate concerne parfois plusieurs personnes, voire tout un groupe, toujours avec une sorte de dénominateur commun : celui de l'action précise que le Seigneur aimerait opérer au niveau corporel, psychique ou spirituel.

> J'étais un jour en animation de prière pour les malades avec le P. Tardif, à Medjugorje, en août 1982, avant que ce lieu ne prenne la notoriété controversée qu'on lui connaît actuellement. Les gens s'étaient déplacés par autobus en nombre impressionnant et l'église où avait lieu ce rassemblement était comble. Des centaines de personnes assistaient également à cette prière au-dehors, où l'on avait disposé des haut-parleurs. Au cours de cette prière, le P. Tardif donne une parole de connaissance immédiate concernant trois personnes qui étaient sourdes, et dont les oreilles bourdonnaient énormément, affirmant devant tous que ces personnes étaient en train de guérir et qu'elles allaient pouvoir témoigner. Ce fut la surprise générale : comment pouvait-il affirmer cela avec certitude ?
>
> Personne ne connaissait le charisme de connaissance en Croatie...
>
> Un silence inquiet fit place à l'annonce ; chacun attendait, sans trop réaliser ce qui se passait. Tardif insista, demandant à ce que les trois – et non pas une des trois – personnes guéries viennent témoigner. Nouveau silence... puis un homme d'une quarantaine d'années arrive, bientôt suivi d'une femme un peu plus âgée. Timidement, ils annoncent au micro qu'ils n'entendaient presque plus rien (pour des raisons différentes) depuis longtemps et que maintenant, ils entendent parfaitement. Stupéfaction dans l'assemblée, puis mouvement d'action de grâce.

> Cependant, Émiliano tenait à l'authenticité de sa parole de connaissance immédiate : « J'ai annoncé trois personnes et nous n'en avons vu que deux ! J'attends donc la troisième. »
> Il fallut patienter plusieurs longues minutes pour voir arriver une autre femme, d'environ soixante-cinq ans, qui nous expliqua qu'elle était tellement perturbée par ce qui se passait dans son oreille malade qu'elle avait bavardé avec sa voisine, sans comprendre qu'elle était invitée au témoignage. Et pourtant, elle aussi était guérie… Comme quoi, les précisions d'une parole de connaissance immédiate sont importantes pour l'obtention d'une grâce de guérison ou de son témoignage.
> D'autant plus que quelques instants plus tard, je reçus une autre parole de connaissance immédiate concernant une femme de quarante-cinq ans paralysée de la jambe droite et qui était guérie par le Seigneur… À mon tour, je fis un appel au témoignage sans que personne ne s'avance.
> À nouveau, silence intrigué… J'insistai gentiment, mais toujours rien. Alors je répétai la parole de connaissance immédiate et soudainement, à mes cotés, retentit un petit cri de confusion : la traductrice s'était trompée de mot au passage et avait annoncé la guérison du bras droit paralysé, alors qu'il était question de la jambe droite. Éclats de rire dans l'assemblée… suivis de la venue d'une femme de quarante-cinq ans, guérie depuis quelques minutes d'une paralysie de la jambe droite et venant déposer sa béquille devenue inutile au pied de la Sainte Vierge.
> Tant qu'elle n'avait pas entendu la correction de la parole de connaissance immédiate, elle ne s'était pas sentie interpellée personnellement et doutait de ce début de guérison qu'elle ressentait dans sa jambe…

Ainsi faut-il souligner que, dans le cadre du charisme de connaissance, si la précision d'identification est un minimum nécessaire, c'est cependant l'interpellation intérieure qui importe. C'est là que s'accomplit le véritable travail de l'Esprit Saint !

La preuve de ce primat de l'interpellation sur la précision se retrouve en de multiples témoignages, qui nous révèlent que si la parole de connaissance immédiate semble 'viser' un individu précis (du fait de précisions significatives), la grâce d'interpellation véhiculée ouvre parfois un créneau plus large. Il serait alors dommage de refuser à 'celui en qui Dieu la suscite' une interpellation personnelle profonde venant de sa grâce.

C'était en octobre 1998, lors d'une retraite prêchée en Suisse, non loin de Zürich. Lors d'une célébration eucharistique, une parole de connaissance immédiate est ainsi donnée au public :
« Une femme de quarante-deux ans ayant vécu deux avortements alors qu'elle n'avait pas encore vingt ans, est actuellement visitée par la miséricorde du Seigneur. Dépressive depuis de longues années, elle est aujourd'hui sous tranquillisants et somnifères. Son cœur est plein de remords, mais elle ressent depuis quelques minutes une vague de paix qu'elle n'a jamais connue auparavant. Le Seigneur l'invite à se confier à un prêtre pour qu'elle puise dans le sacrement de réconciliation un nouveau goût de vivre, qu'elle avait perdu depuis ses avortements. »
Le lendemain, je rencontrai dans la discrétion plusieurs femmes, qui, l'une après l'autre, me donnèrent ces témoignages :
« M. Madre, je tenais à vous remercier pour cette parole de prophétie, qui m'a ouvert les yeux et m'a mené vers la réconciliation avec Dieu et avec moi-même. J'ai effectivement quarante-deux ans, et j'ai vécu deux avortements. Mon psychiatre ne savait plus quoi faire avec ma dépression. Aujourd'hui je suis en pleine forme. J'ai été voir un prêtre hier soir et j'ai l'impression de revivre... Je ne me rendais pas compte à quel point mes avortements m'avaient atteinte dans mon être profond. Merci encore ! »
À peine avais-je eu le temps de lui rappeler que c'était le Christ qu'il convenait de remercier, qu'une autre femme m'abordait en me glissant à l'oreille :
« Je voulais vous poser une question parce que je suis embarrassée : j'ai vécu deux avortements et souffre de dépression depuis une dizaine d'années. Hier, j'ai été très touchée par cette parole de connaissance immédiate, mais je me suis demandée si c'était pour moi, car je n'ai pas quarante-deux ans. Or vous avez précisé : une femme de quarante-deux ans ! Qu'est-ce que je peux faire ? Je me sens beaucoup mieux et je crois que ma dépression diminue ; mais est-ce que j'ai le droit de prendre cela pour moi ? »
« Madame, répondis-je, ne vous laissez pas troubler par ce détail d'âge. Ce qui compte, c'est ce que vous avez vécu en votre cœur... Avez-vous été voir un prêtre ? »
« J'en ai très envie, mais j'ai peur de voler la grâce d'une autre... »
« Dépêchez-vous d'y aller ! La grâce de Dieu est pour tous ceux qui la veulent. La parole de connaissance était aussi pour vous manifestement ! »
Dix minutes après, une troisième femme me dit :
« Vous savez... j'ai presque quarante-deux ans, mais ce n'est pas deux avortements que j'ai vécus. J'en suis à mon quatrième, qui a

> eu lieu il y a quinze jours ! mais hier, pendant la parole de connaissance immédiate, j'ai été complètement retournée et je me rends compte que ce que j'ai fait est terrible, alors qu'avant, je trouvais ça normal, parce qu'on me disait que c'était normal. Cela fait longtemps que je n'arrive plus à bien dormir, mais j'ai réalisé hier que c'était lié à mes IVG. Vous croyez que je peux retrouver Dieu ? »
> « Non seulement vous pouvez, mais vous devez, puisque c'est lui qui vous a interpellée par cette parole ! N'ayez pas peur de vous approcher de Lui. »

Mon cœur était dans l'action de grâce devant cette pédagogie de la miséricorde de Dieu qui dépasse et bouleverse tous nos jugements et appréciations. Il n'a pas fini de nous surprendre par les multiples manières dont il s'y prend pour nous guérir !

Interpellation charismatique et liberté humaine

Pour conclure sur cette délicate question du charisme de connaissance, je souhaiterais insister sur l'effet 'libérateur de liberté' d'une telle parole prophétique. L'interpellation inhérente à la parole inspirée n'oblige en rien ; elle suscite soit un libre élan d'adhésion personnelle, soit une indifférence, voire un refus total. Cependant, en fonction de la qualité de sensibilisation à l'interpellation, les conséquences ne sont peut-être pas du même ordre.

> En septembre 1993, je me trouvais une fois encore au Canada pour un grand rassemblement charismatique. Au cours de la prière pour les malades, j'eus une parole de connaissance immédiate concernant la guérison physique de trois jeunes femmes atteintes de polyarthrite et très handicapées, chacune dans un fauteuil roulant. Impossible, bien sûr, de les voir dans la foule...
> Mais après la prière, on m'amena trois femmes en fauteuil roulant, dont la famille avait entendu, avec elles, la parole prophétique. Je demandai à m'entretenir avec chacune personnellement.
> La première me dit qu'elle n'avait rien « ressenti » pendant la prière et qu'elle était venue pour faire plaisir à ses parents. Elle demandait à partir chez elle au plus vite... et en fauteuil roulant.

La seconde m'affirma avoir compris quelque chose pour elle à partir de cette parole de connaissance immédiate, mais ne se sentait pas prête à prendre cela au sérieux. Elle repartit de même, sur son fauteuil, assurant qu'elle allait continuer de prier le Seigneur.
La dernière me déclara : « Si c'est pour moi aussi que cette parole a été donnée, cela veut dire que Dieu m'a fait une sorte de promesse ? » ... « Vous avez tout compris » lui répliquai-je. « Alors, je peux croire que le Seigneur peut me faire marcher aujourd'hui ? »... « Oui, vous le pouvez »... « Alors aidez-moi à me lever, on va bien voir ! »
Elle repartit elle aussi, une demi-heure plus tard, marchant seule et sans douleur. Je crois même qu'elle en a oublié son fauteuil roulant.

S'il fallait un élément supplémentaire en faveur de la nécessaire collaboration de l'homme à l'obtention de sa guérison, le charisme de connaissance, avec sa pédagogie propre, nous le fournit à l'évidence.

Toutefois ce principe s'applique également à ce que nous avons évoqué de ceux qui portent, par leur prière ou leur confiance, une autre personne malade. La parole de connaissance immédiate peut parfois interpeller ces 'porteurs' plutôt que le souffrant, d'autant plus que ce dernier est parfois hors d'état de recevoir adéquatement une parole prophétique. Heureusement, ces fameuses médiations d'intercession 'inventées' par la miséricorde divine sont justement là pour pallier tout obstacle apparent à l'épanchement de la grâce de Dieu.

François et Geneviève sont désespérés : leur enfant unique, âgé de huit ans, est à l'hôpital, atteint d'une tumeur au cerveau inopérable, entre la vie et la mort. Apprenant l'existence d'une célébration 'charismatique' pour les malades dans une paroisse assez proche, ils laissent l'enfant à la garde de sa tante et viennent prier, animés d'un espoir confus.
Au cours de la célébration, une parole de connaissance immédiate est donnée : « Des parents dont l'enfant est gravement malade, à l'hôpital, sont présents dans cette assemblée. Le Seigneur s'approche d'eux à cet instant même et leur pose au cœur la question : que voulez-vous que je fasse pour vous ? » François et Geneviève sont sidérés ; personne ne les connaît ici, et donc ne peut se douter de leur situation de souffrance. Si Dieu leur 'parlait' vraiment par l'intermédiaire de ce charisme ? D'un commun accord, ils s'agenouillent et supplient que leur enfant soit guéri. Ils resteront ainsi durant toute la célébration, sans

même réaliser les signes que le Seigneur accorde à de nombreuses autres personnes. Ils seront les derniers à quitter l'église…
À leur retour, l'enfant est plus paisible, et sa fièvre est tombée. Quinze jours plus tard, il sort de sa chambre d'hôpital totalement guéri de sa tumeur cérébrale.

Quand les proches se laissent interpeller, les malades s'en trouvent bien…

13

Délivrance : la guérison face aux forces du Mal

La question des forces mauvaises, souvent appelées diaboliques, est l'objet de multiples débats, en lesquels il n'est pas souhaitable ici d'entrer.

Le Mal existe-t-il ?

Si oui, qui est-il ? Si non, comment expliquer le scandale de la souffrance, des catastrophes, de la guerre ou de la violence en notre monde ?... Et comment interpréter certaines guérisons bien particulières, autrement nommées libération de puissances mauvaises par divers milieux chrétiens ?

Certes, l'avènement des sciences humaines a permis de sortir d'une conception médiévale du diable et de ses suppôts ; mais l'existence des forces du Mal est-elle pour autant remise en question ?

La psychologie nous fait découvrir certains ressorts cachés de l'homme et ouvre des horizons thérapeutiques inestimables et fort variés. Mais a-t-elle la réponse à cette question du Mal ? Il faudrait plutôt formuler : est-elle compétente pour tenter une réponse ?

Face à certaines pathologies, elle s'avoue honnêtement dépassée, non pas au niveau de la prise en charge, mais du diagnostic lui-même.

Des forces obscures pourraient-elles, en certaines circonstances, mouvoir un psychisme (voire un organisme) humain par un 'au-delà' de ses propres frontières ?

La question nous renvoie au seul grand drame de l'humanité : le problème du mal.

Sur le sujet, l'Évangile et l'Église ne prétendent pas donner une réponse, mais ont le mérite absolument original de proposer une solution, laquelle a un nom : Jésus-Christ.

C'est dans cette lumière que nous pouvons recevoir les quelques témoignages proposés en ce chapitre, sachant que seule la foi chrétienne permet d'accueillir avec confiance leur authenticité.

Quoi qu'il en soit, un ministère de guérison sera forcément confronté au problème du mal, car si ce n'est pas lui qui s'en soucie, c'est bien souvent le malade lui-même qui – à juste titre ou non – pose la question ou provoque le débat jusqu'à demander cette prière de guérison spéciale appelée délivrance ou même exorcisme.

Ce que nous en disent les Écritures...

Certaines considérations scripturaires sont claires et, comme telles, non sujettes à diverses interprétations contradictoires. D'autres, en revanche, sont plus floues et ne permettent pas une unité de conclusion, laissant place à des appréciations plus subjectives, sous-tendant parfois des pratiques peu cautionnables, voire franchement regrettables. Je dois les quelques considérations scripturaires qui vont suivre au travail du regretté P. Stanislas Lyonnet (sj, ancien professeur à l'Institut Biblique de Rome) avec lequel j'ai eu l'occasion de collaborer fructueusement sur le sujet.

L'Évangile nous invite à opérer une distinction fort intéressante entre Satan et les « esprits mauvais ».

Il est d'abord question de puissance (au singulier !) des ténèbres (à l'occasion, certaines traductions mettent un T majuscule à ténèbres). C'est le pouvoir des Ténèbres, qui est en fait celui de Satan. *« Chaque jour, j'étais avec vous et vous n'avez pas porté la main sur moi. Mais c'est votre heure, et le pouvoir des Ténèbres »* (Lc 22, 53).

L'Écriture s'intéresse à cette puissance sous des noms divers, toujours « d'un point de vue religieux et pratique, dans la mesure où elle pèse sur l'existence humaine et la menace ; ainsi, l'ayant démasquée, l'homme se préoccupe de la combattre et de la vaincre » (cf. P. Donatien Mollat).

Il s'agit toujours d'une réalité unique, une puissance fondamentale mauvaise, exercée par un être personnel. Il ne faut pas comprendre « être personnel » comme s'il s'agissait d'une personne humaine, en effet il est doué d'une intelligence et d'une volonté inouïes. Il est appelé – toujours au singulier – Satan ou « le Satan » (c'est-à-dire étymologiquement en hébreu l'Adversaire) ou le « Diable » (c'est-à-dire en grec l'Accusateur). Sa volonté de puissance, personnelle et perverse, se manifeste comme une entreprise de mainmise sur l'homme, agressive et qui dépasse l'homme sans pour autant être Dieu.

Cette volonté de puissance mauvaise s'infiltre concrètement dans tous les rouages de la société humaine et l'activité de l'homme est ainsi détériorée par le péché. Cette puissance mauvaise devient dans notre monde la puissance du péché.

À côté de cette puissance des ténèbres nommée Satan, le Diable, le Malin, etc., toujours au singulier, l'Écriture mentionne aussi, toujours au pluriel, des esprits, des démons (ou bien un esprit ou un démon, c'est-à-dire un parmi d'autres). À la différence du français ou de l'italien, elle ne donne jamais le nom de « démon » à ce qu'elle nomme Satan ou le Diable.

Autre distinction intéressante : alors que Satan ou le Mal ou le Malin n'est nommé qu'en contexte de péché ou de tentation, les démons sont toujours mentionnés en contexte d'infirmité ou de maladie. Si Satan entre en Judas pour faire périr le Christ (cf. Jn 13, 2 ; Lc 22, 3), jamais une telle expression n'est utilisée à propos des démons ou des esprits. Ils sont en principe toujours associés à la seule guérison de maladie corporelle ou plus psychologique, tel que le Nouveau Testament peut évoquer la réalité du psychisme humain.

Par exemple, Luc 6, 18-19 décrit *« une foule immense de gens venus pour se faire guérir de leurs maladies : ceux que tourmentaient des esprits impurs étaient guéris eux aussi, et toute cette foule cherchait à le toucher parce que de lui sortait une force qui les guérissait tous »*.

En Luc 8, 2, il est question de *« femmes qui avaient été guéries d'esprits mauvais et de maladies »*, parmi lesquelles il nomme *« Marie-Madeleine, de laquelle étaient sortis sept démons »*, comme le rappelle Marc 16, 9. La formule fait assimiler Marie-Madeleine à la pécheresse dont Luc vient de parler, à laquelle le Christ *« remet les péchés »* (7, 48), mais dont il ne chasse aucun démon ou esprit impur.

Ailleurs enfin, Jésus donne aux disciples *« pouvoir sur les esprits impurs »* de façon à les expulser et à guérir toute maladie et toutes langueurs (Mt 10, 20).

Toutefois démons et esprits ne sont pas sans rapport avec Satan. Il semble qu'en de nombreuses circonstances de la vie de Jésus, ils peuvent être des instruments dont se sert Satan, qui n'intervient pas lui-même. Aujourd'hui, une telle assertion demeure véridique, en dépit – et certains préfèrent : du fait... – des découvertes dans le domaine de la psychologie, de la psychiatrie et de la biologie.

Et je rejoindrais volontiers la conclusion de P. Lyonnet : « Sans mettre en doute le moins du monde la possibilité que tel ou tel cas d'expulsion des esprits ou des démons dans l'Évangile soit un véritable 'exorcisme', c'est-à-dire l'expulsion de Satan lui-même (en tant que puissance de péché), et encore moins la possibilité que Satan puisse, en fait, prendre directement possession d'un être humain (moyennant certaines conditions indispensables, bien entendu !), l'Écriture invite elle-même à distinguer expulsion des esprits ou des démons et expulsion de Satan et, à cette fin, à recourir de préférence au terme de 'délivrance' dans le premier cas en réservant celui 'd'exorcisme' exclusivement au second cas. »

> Gérard est âgé de trente-quatre ans. Marié depuis neuf années, père de famille de trois enfants, il mène une vie apparemment 'réussie'. Son mariage est stable, sa femme est admirable et leur communion conjugale ne cesse de croître. Sa profession – il est ingénieur des Eaux et Forêts – lui plaît énormément, et ses enfants ne sont cause d'aucun tracas particulier. Oui ! il a 'tout pour être heureux', mais...
> Un élément de plus en plus inquiétant fait son apparition dans son horizon de vie : de soudaines pulsions suicidaires jaillissent dans sa pensée, sans aucune résonance intérieure de consentement. C'est arrivé la première fois il y a trois ans, durant un bon quart d'heure, le laissant paniqué. S'il avait obéi à ces pulsions il aurait pris, sans intention personnelle, le volant de sa voiture pour se précipiter contre un arbre. Il n'en parle à personne, pas même à son épouse, et finit par oublier ce curieux événement.
> Mais un mois plus tard, la chose se reproduit, avec la même intensité. Cette fois-ci, l'impulsion intérieure lui commande de

s'électrocuter. Il lui faut faire un réel effort intellectuel pour se persuader que c'est une sorte de cauchemar éveillé et que cela ne correspond à aucun élan de volonté personnelle. À plusieurs reprises, dans les trois mois qui viennent, l'obsession soudaine de se donner la mort, par des modalités diverses, se manifestera, suscitant une angoisse grandissante.

Il se décide enfin à dire quelques mots à sa femme, qui lui prend rendez-vous immédiatement chez un psychiatre de bonne notoriété. Ce dernier dialogue longuement avec Gérard, mais demeure perplexe car il ne décèle aucun traumatisme psychique particulier pouvant expliquer de tels symptômes. Il finit par parler de troubles obsessionnels compulsifs 'atypiques' et prescrit un tranquillisant, tout en conseillant une psychothérapie.

Déçu par cette incertitude, Gérard accepte le tranquillisant, mais refuse l'analyse...

Quelques vagues d'obsessions de mort apparaissent à nouveau, mais avec une moindre virulence. Gérard se dit qu'il s'en sortira lentement avec l'aide d'anxiolytiques.

Cependant, un événement douloureux – le décès de son frère aîné – opère en lui un changement intérieur d'ordre religieux. La question de Dieu se pose avec plus d'acuité en sa vie et il découvre en lui-même à cette occasion une soif d'approfondir sa foi chrétienne, qu'il avait fort négligée jusqu'alors.

Curieusement, les phénomènes obsessionnels reprennent, plus fréquemment, plus intensément. Angoissé, se sentant plus fatigué pour lutter contre cette impulsion morbide, Gérard consulte à nouveau un psychiatre, qui ne peut que lui donner un avis proche du premier. Il se décide alors à débuter une cure psychothérapeutique, qui le laisse à chaque séance mal à l'aise, comme si le vrai problème – qu'il ignore par ailleurs – n'était pas abordé...

Sa foi lui est d'un grand secours pour vivre sans se décourager sur lui-même, même si le psychiatre lui a laissé entendre que cette foi était sans doute pour quelque chose dans les troubles qu'il rencontre. Affirmation que Gérard trouve gratuite et ridicule pour la seule raison que l'obsession était apparue bien avant cette redécouverte de la foi.

Son épouse – priante chrétienne de longue date – lui parle alors d'autres causes possibles. Elle a en effet lu un article dans un magazine religieux sur les problèmes psychologiques dont les causes ne sont pas forcément d'ordre psy...

C'est alors que je rencontre Gérard, à sa demande, lequel m'expose sa situation. Son état devient fort préoccupant, car l'angoisse le submerge en permanence, les anxiolytiques sur-dosés ne le soulagent pas, les obsessions se répètent presque chaque jour. À chaque fois, il faut qu'il concentre toute sa force morale pour ne pas se laisser vaincre par cette agression intérieure qui l'accable. Il est psychologiquement épuisé et sa vie de famille s'en ressent profondément, à son grand désarroi.

Bien évidemment je tente, comme les médecins précédents, de poser un diagnostic médical et de détecter une cause psychique, mais sans rien trouver qui suffirait à expliquer un tel phénomène. Par ailleurs, je reste marqué par le fait que les phénomènes sont apparus soudainement, sans signe avant-coureur, sans tendance psychologique préalable à la morbidité, et qu'ils se sont surtout accentués en parallèle d'une croissance d'ordre spirituel.

Ma recherche s'aiguille alors vers des aspects plus 'ésotériques' de la personnalité de Gérard, et il m'apprend que vers l'âge de dix-huit, dix-neuf ans, il a beaucoup fréquenté un cercle de spiritisme, qui allait très loin dans la pratique occulte de la nécromancie (consultation des morts) et de la quête de divination. Gérard me parle des 'résultats' qu'il obtenait à l'époque, témoignant d'un grand investissement de lui-même dans ce genre de passe-temps, et me précisant qu'il a arrêté simplement parce que ses études lui prenaient trop de temps pour qu'il puisse ainsi continuer.

Ma surprise fut grande : « Pourquoi ne me l'avez-vous pas dit plus tôt ? C'est un élément de diagnostic très sérieux ! »

« Je l'ignorais ! Quel rapport avec mon obsession ? »

Ma réponse le laissa très songeur : « En tant que chrétien, ignorez-vous que certaines activités obscures pratiquées avec assiduité, comme le spiritisme ou l'occultisme, peuvent occasionner ce qu'on appelle une infestation mauvaise, susceptible d'enclencher des problèmes d'ordre spirituel et non pas d'abord psychologique ? »

« Vous voulez dire que cette impulsion à me faire mourir serait due au spiritisme que j'ai pratiqué il y a quinze ans ? »

« Je ne peux pas vous l'affirmer ! Je sais que c'est possible et que si vous êtes concerné par cela, rien d'étonnant à ce que les psys ne trouvent pas les moyens de vous aider efficacement. La seule manière d'en avoir le cœur net, c'est de prier ensemble, ce qu'on appelle une prière de délivrance, mais seulement si vous renoncez devant Dieu à ces pratiques passées, et peut-être même que vous feriez bien de trouver un prêtre pour demander le pardon du Seigneur à ce sujet… »

« Comment ? C'était un péché ? Mais je ne le savais pas. »

« Tout péché n'est pas nécessairement conscient… vous vous êtes rendu complice, même sans le vouloir, d'un acte de type magique

que Dieu ne supporte pas… vous feriez mieux de vous confesser de cela. »
Gérard partit sur le champ trouver un prêtre et revint me voir dans la journée. Il se sentait paisible intérieurement, mais nullement guéri de la menace d'obsession. Nous avons prié tous deux pendant un quart d'heure, présentant au Seigneur cette souffrance intérieure et invoquant sur elle le sang du Christ témoignant de ce que Jésus avait donné sa vie sur la croix, pour Gérard aussi !
Ce dernier ressentit pendant la prière une sorte d'élargissement dans sa poitrine et une vague de paix l'envahit. Le traitement anxiolytique put être arrêté en trois jours et l'obsession n'est jamais réapparue. Gérard était comme renouvelé en tout son être et porté par une force intérieure qui ne le quitte plus.

La notion d'ASM (Aliénation spirituelle maligne)

Les influences mauvaises, que je préfère nommer aliénations spirituelles malignes (ASM), existent bel et bien, quoique intégrées dans ce qu'on appelle aujourd'hui le domaine irrationnel. Elles ne peuvent donc jamais être prouvées en tant que telles ; on peut simplement y penser devant certains symptômes apparaissant dans quelques contextes-type particuliers.

Autrement formulé : quelles sont les grandes circonstances par lesquelles peuvent s'infiltrer de telles influences d'esprits ou (de forces) mauvais (es) ? Les ASM ne s'attrapent, en effet, pas comme la grippe. On ne les 'récolte' pas d'une manière passive, sans un aspect de complicité même inconsciente. Classiquement, quatre grands domaines de comportement peuvent favoriser la genèse d'une aliénation spirituelle maligne :

– les pratiques occultes ou divinatoires

Il s'agit là de pratiques visant à recourir à des forces obscures (occultes) pour obtenir un degré de pouvoir ou de savoir dépassant les aptitudes pouvant être humainement acquises. En ce qui concerne le pouvoir, il faut noter le recours persévérant à des moyens magiques (censés produire par eux-mêmes leur propre effet), même pour faire un soi-disant bien. Il faut être également attentif à toute technique ésotérique visant à dominer autrui, comme la sorcellerie, les sortilèges, les envoûtements, etc. On se croirait revenu au Moyen âge, en lisant ces lignes. Mais en fait de telles pratiques sont toujours – et toujours plus – actuelles, quoique souvent 'relookées' style XXe ou XXIe siècle. Nos sociétés modernes sont de plus en plus marquées par la religiosité, cette dernière favorisant le recours à de multiples formes d'occultisme, plus ou moins anciennes.

En ce qui concerne le savoir, il s'agit tout spécialement de ce qui relève des pratiques divinatoires, telles que chercher à découvrir le futur ou encore chercher la clé de certaines interrogations majeures – là encore en invoquant une 'intelligence obscure' – jusqu'à rendre son existence dépendante de soi-disant résultats.

> Marie et Jean-Pierre, mariés depuis cinq années, ont deux filles, Karine et Sandra. Depuis une année environ, il se passe des choses bizarres dans leur maison : des bruits étranges et irrationnels par moments, des meubles qui bougent de place tout seuls, des odeurs nauséabondes passagères, des phénomènes physiques inexplicables, comme de l'eau sale qui coule soudainement d'un endroit précis d'un mur ou d'un plafond. Jean-Pierre est effrayé, d'autant plus que sa formation scientifique rigoureuse ne trouve aucune explication à cela, pas plus que divers experts en maçonnerie ou autre spécialité qu'il a convoqués pour trouver une cause objective à ces problèmes sidérants. Il a même été jusqu'à filmer en vidéo le déplacement spontané de plusieurs meubles de la maison : aucun truc, aucune supercherie possible, mais la peur s'installe au sein de la petite famille. Karine et Sandra sont épouvantées. Que faire ?
>
> Jean-Pierre - peu croyant - se résout à aller voir un prêtre pour lui demander un avis. La discussion dégage un élément important : les phénomènes ne se produisent en fait que dans les endroits fréquentés par Karine ; ils semblent 'suivre' cette dernière... Pourquoi ?
>
> Questionnée à ce sujet, Marie se rappelle d'un évènement ancien, datant de trois années. Une commerçante du quartier, femme au comportement jugé étrange et agressif par tout l'entourage, s'était intéressée à Karine d'une manière particulière. Elle avait félicité Marie pour cette enfant, lui avait proposé de la garder chez elle, d'autant plus qu'elle n'avait pas d'enfant elle-même, même si elle aurait souhaité en avoir... Devant la réticence compréhensive de Marie, cette femme avait insisté pour qu'elle lui prête Karine. Les propos avaient été jusqu'à la menace. Marie avait pris peur et s'était enfuie, alors que cette femme, animée d'une haine inexpli-

cable, lui criait qu'elle allait jeter sur Karine une malédiction, qui ferait beaucoup souffrir toute sa famille. La femme n'était plus réapparue, le temps avait passé, et surtout Jean-Pierre et Marie avaient dû déménager pour raisons professionnelles.

Serait-il possible que cette vieille histoire de sorcière moderne ait un rapport avec les problèmes actuels autour de Karine ?

Le prêtre conseilla à Jean-Pierre de contacter, s'il le pouvait, cette femme, ce qu'il fit aussitôt par téléphone, pour lui demander rendez-vous. Mais elle n'y acquiesça pas, jetant seulement une phrase révélatrice : « J'espère que vous en bavez aujourd'hui ! J'ai eu recours à une personne qui a les pleins pouvoirs... » et elle raccrocha.

Informé, le prêtre proposa de prier dans un sens de délivrance, arguant qu'il s'agissait là peut-être d'un phénomène d'oppression diabolique.

« Il s'agit d'une influence mauvaise qui ne touche pas à la personne, ici Karine, parce qu'elle n'a aucune responsabilité d'ordre spirituel[17]. C'est le monde extérieur, autour d'elle, qui est sollicité par des forces mauvaises, pour impressionner, pour miner l'existence et cultiver la peur... C'est un acte de malveillance faisant appel à des puissances occultes que quelqu'un a l'habitude de provoquer » précisa le prêtre.

« Comment ! cela existe vraiment ? »

« Oui, Jean-Pierre, mais on n'en parle pas beaucoup, ou si mal, de nos jours... cela semble tellement anachronique... mais la malveillance d'un cœur humain n'a pas d'âge... malgré la modernisation, certains auront toujours recours à des instances occultes pour faire du tort à leur prochain. »

Marie, Jean-Pierre et le prêtre se réunirent pour prier, demandant avec foi au Seigneur de la Vie une libération de cette oppression et des conséquences de ce sortilège adressé à Karine. Au nom du Christ mort et ressuscité, le prêtre ordonna aux puissances mauvaises de cesser toute influence nuisible.

Dans les quarante-huit heures qui suivirent, toute manifestation d'oppression avait disparu et cette famille put reprendre une vie normale, sans aucun doute fortifiée dans sa foi à travers ces évènements pénibles qu'elle venait de traverser.

---

17. Il convient de souligner ici cette phrase importante et rassurante : l'influence mauvaise ne peut s'en prendre à l'intégrité physique ou psychique de la personne, quand celle-ci n'est pas spirituellement responsable de sa survenue.

– le pacte explicite ou implicite avec le Malin

Lorsqu'une personne fait alliance lucidement avec le Mal, jusqu'à poser un acte libre et concret en ce sens, on parle de pacte explicite.

Souvent, cette alliance n'est pas absolument claire, intelligente, pour la personne qui la pose. Elle signifie plutôt un marchandage avec des forces obscures, parfois en ayant recours à un intermédiaire, et par lequel on souhaite acquérir un pouvoir malfaisant en échange de comportements dégradants ou antireligieux. On parle alors de pacte implicite, c'est-à-dire motivé moins par une volonté lucide que par un comportement immature, irresponsable ou superstitieux.

> Fanny a vingt-trois ans. Elle souffre de crises de violence inouïes, au cours desquelles elle menace de tuer quelqu'un de son entourage. De même, un attrait irrésistible pour l'alcool et la drogue la conduit, durant ces périodes, aux pires excès. Elle sombre dans la délinquance, volant des voitures, se liant à un gang des 'quartiers sensibles' pour des vols ou des braquages. Elle a même des impulsions violentes à se suicider et son corps est couvert de cicatrices témoignant de coups de couteaux dont elle se larde elle-même. Ces crises durent quelques jours à quelques semaines, puis tout semble rentrer dans l'ordre et elle redevient douce et agréable, mais effrayée par la conscience des actes qu'elle commet pendant ses 'mauvaises périodes'. Pour éviter ou empêcher celles-ci, rien à faire ! Une chape de plomb lui tombe soudainement dessus, faite d'angoisse et d'une autre manière de voir les gens et sa propre existence : elle change brutalement de personnalité, sans aucun moyen d'enrayer le phénomène.
> La police la surveille… les psychiatres aussi. Le comportement de Fanny est nettement suggestif d'une psychopathologie connue et mérite un traitement sérieux. Mais le père de Fanny n'est pas tranquille. Il connaît sa fille et ne se résout pas à un pur problème psychiatrique. Profitant d'une période de 'tranquillité', il mène Fanny chez un prêtre afin que celui-ci dialogue avec elle et tente de voir s'il n'y a pas un problème plus caché…
> À peine en face du prêtre, Fanny s'enferme dans un mutisme, alors qu'elle était souriante auparavant et souhaitait elle-même cette démarche. Sans se laisser désarmer, le prêtre commence à lui parler, et Fanny entre alors dans une crise de fureur, se précipitant sur lui et voulant l'étrangler. Les deux hommes – le père et le prêtre – auront bien du mal à la maîtriser.
> Profitant d'un moment de répit, le prêtre pose quelques questions et Fanny répond péniblement qu'elle a fait un pacte avec Satan avec son propre sang, quand elle avait dix-sept ans.

Quelques mois plus tard débutaient les premiers troubles de comportement...
Le prêtre hoche la tête, perplexe, il est peut-être en face d'un authentique cas de possession diabolique. Il propose à Fanny de venir prier avec lui à l'évêché, en présence du prêtre exorciste du diocèse. La prière durera dix-huit heures, prière pendant laquelle Fanny sera très agitée, violente et obscène. Puis tout se calme soudainement. Fanny ouvre les yeux, comme si elle voyait le monde dans une toute autre lumière. Elle se sent libérée... définitivement !
Cet évènement eut lieu en mars 1984... Fanny n'a jamais rechuté dans son ancien comportement, alors qu'elle a arrêté tout traitement quelques jours après cet exorcisme. Elle est mariée, mère de deux enfants, et cette histoire ancienne n'est plus qu'un mauvais souvenir, dépassé par une vie de foi admirable...

– les pratiques sexuelles perverses délibérées

Les commentaires semblent superflus en ce domaine.

Soulignons que ces comportements ne sont pas analysés ici sous l'angle moral. Ils concernent des attitudes avilissant la notion de sexualité humaine[18] et expérimentées volontairement sur un long terme. Les pathologies sexuelles n'en font pas partie, quoiqu'il arrive que certaines aliénations spirituelles malignes puissent sous-tendre de tels troubles.

On comprendra qu'un exemple dans ce domaine n'est pas opportun. Cependant, les situations de ce genre se révèlent très fréquentes. Le Malin se délecte de dégrader la sexualité parce qu'elle est le lieu électif de l'expression de l'amour humain et de l'éclosion de la vie.

– l'excès de pratiques de concentration (à tonalité religieuse ou non) touchant à l'acquisition de facultés individuelles 'sur-humaines'.

À quarante-deux ans, Christine entre au Carmel. Vocation religieuse tardive, car elle n'a fait une rencontre avec le Christ que deux années plus tôt, rencontre qui a totalement changé sa vie.

18. Donc déviantes par rapport au sens de l'expérience sexuelle humaine. Il faut ici bien distinguer les expériences dites érotiques, motivées par la recherche d'un plaisir par une relation d'intimité sexuelle, homme – femme, 'hors norme' et les expériences avilissantes de la dignité humaine, motivées bien moins par le plaisir que par une volonté de dégrader le sens de la sexualité et de sa dignité propre

Elle perçoit rapidement un appel à se donner entièrement au Seigneur, dans une vie de silence et de prière. Après un essai de deux mois au Carmel, elle s'y sent à sa place et demande à y devenir religieuse.
Ce n'est que deux années plus tard, à quarante-quatre ans, que Christine commence à éprouver des troubles intérieurs, faits d'angoisse, d'idées obscènes ou suicidaires. Les phénomènes s'intensifiant, elle en parle à sa supérieure, qui ne sait pas trop que conseiller, si ce n'est consulter un psychiatre. Ce dernier diagnostique une forme de dépression pouvant suggérer que le choix religieux de Christine n'était peut-être pas approprié.
Elle accepte un traitement antidépresseur, qui ne lui sera d'aucun secours. Les pensées continuent d'affluer, doublées de sensations pénibles. Christine ressent à la fois une répulsion pour ces symptômes, tout en éprouvant une certaine fascination érotique au niveau de l'imaginaire.
Pendant des mois, cette situation va devenir de plus en plus infernale. Christine pense à quitter le Carmel, tant la souffrance morale est intense, et quasi-permanente.
Son aumônier lui conseille cependant de faire une retraite de discernement dans un autre lieu spirituel, où elle pourra expliquer à quelqu'un d'averti ce qui lui arrive. Elle se dépêche de trouver ce lieu, et s'y rend avec l'accord de sa supérieure.
Dès le premier entretien avec un accompagnateur spirituel expérimenté, l'attention se pose sur le passé 'spirituel' de Christine : entre vingt et vingt-cinq ans, elle fut affiliée à une secte, où l'on pratiquait à un rythme très poussé la méditation transcendantale, dans le but de contrôler son énergie intellectuelle, et même d'acquérir certains pouvoirs dits surnaturels. Christine avait finalement quitté la secte, se rendant compte que toutes les promesses qui émanaient de son gourou n'étaient qu'illusion. Ensuite, elle avait balayé toute 'recherche métaphysique', menant une existence plus 'matérialiste', comme secrétaire dans une grande entreprise.
Jusqu'au jour où elle avait fait cette rencontre déterminante avec le Christ Vivant...
L'accompagnateur spirituel, connaissant assez bien la question des aliénations spirituelles malignes, (alors que Christine l'ignorait totalement) lui fit une proposition :
« Vos problèmes sont peut-être d'ordre psychologique, mais ils sont peut-être également liés à ce passé de méditation transcendantale et, dans ce cas, c'est normal qu'ils apparaissent alors que vous vivez une démarche spirituelle profonde... Si vous le souhaitez, nous allons prier pour une délivrance d'ordre spirituel, mais à la condition que vous y participiez vous-même. »

> « Comment pourrais-je y participer ? Je ne comprends pas vraiment de quoi vous me parlez... »
> « Faites-moi simplement confiance à ce sujet. Mais c'est à vous de présenter librement cette part de passé douteux au Seigneur en lui demandant de vous en délivrer. Une prière de délivrance n'est jamais une sorte de magie où on attend que cela se passe tout seul. Il s'agit de votre vie, de votre responsabilité au niveau spirituel. Vous ne le saviez pas, mais cette pratique de méditation, au rythme auquel vous l'avez menée, a pu constituer un obstacle à une expérience chrétienne authentique. »
> Christine accepta sans difficulté et se présenta ainsi devant son Dieu ; puis l'accompagnateur spirituel pria avec foi pour sa délivrance.
> Lorsqu'elle retourna dans son Carmel, Christine était totalement libérée de tous les phénomènes qui l'accablaient auparavant. La joie était présente en son cœur, et y demeure aujourd'hui...

Le Mal existe vraiment ! Nous le rencontrons chaque jour, mais heureusement pas en termes d'aliénation spirituelle maligne. Dans la vie des hommes, il est d'abord Tentateur... Toutefois il est incontestable que certaines circonstances, telles que nous venons de les évoquer, sont susceptibles d'ouvrir une porte par laquelle il voudra aliéner l'homme dans sa liberté ou le dégrader dans sa dignité. Seule la puissance du Christ ressuscité peut lui faire face et le vaincre concrètement dans ses effets dévastateurs.

Les témoignages proposés ci-dessus illustrent bien les trois degrés classiques de gravité de ces derniers : oppression (Karine), obsession (Christine) et possession (Fanny). Ils ne prouvent cependant rien quant à l'existence du Malin, et de forces spirituelles mauvaises, puisque d'autres interprétations, plus rationnalisantes ou psychologisantes, peuvent être proposées quant aux mêmes phénomènes.

Après tout, ne dit-on pas – à juste titre – que la plus grande ruse du Malin est de savoir se tenir caché, même dans ses propres effets malfaisants ?

D'ailleurs, le plus important n'est-il pas de croire, non en priorité au Mauvais et à ses forces obscures agissant en notre monde (quoiqu'il ne faille pas l'oublier !), mais bien plutôt à Celui qui est le Résurrection et la Vie : le Christ lui-même, par lequel nous parvient la pleine révélation de l'amour d'un Dieu Père pour chacun de ses enfants... ?

14

Des prémices de résurrection ?

On parle volontiers de la guérison physique, de la guérison psychologique et même de la guérison spirituelle. Mais il est une forme de guérison, dont on parle trop peu, sans doute parce qu'elle est plus que de la guérison : celle de la vie.

La vie humaine est plus que le corps, plus que le psychisme, plus que l'esprit ! Pourtant, elle saisit en elle-même ces trois dimensions pour n'en faire qu'une, et nous sommes alors face à une réalité : celle de la vie humaine, la nôtre, unique, et celle d'autrui, tout aussi unique.

La vie n'est pas définie ou résumée par la seule saisie de ces 'composantes'. Nous pressentons qu'elle porte en elle-même une 'autre chose' en plus, indéfinissable. On ne peut parler de vie sans évoquer son sens, son pourquoi, autant que sa valeur. Mais est-ce suffisant ? Non, car nous pressentons des dimensions profondes en nous-mêmes, mais aussi extérieures à nous-mêmes, qui sous-tendent la vie. Chacun de nous peut conclure : ma vie est un mystère... et pourtant elle est... moi !

La vie est immensément au-delà de la santé ; c'est pourquoi la grâce de Dieu agit en sa faveur plus qu'en termes de guérison. Je veux dire par là que lorsque Dieu agit sur la santé de l'homme, on peut parler de guérison. Mais s'il agit sur la vie humaine, on peut oser parler de grâce de résurrection, au risque de faire éclater les schémas que nous avons construits autour de ce mot.

D'ailleurs, l'actuelle confusion entre vie et santé de l'homme nous suggère bien à sa manière que la vie a besoin d'être reconnue pour elle-même. Réduire la notion de vie humaine à celle de santé ouvre des horizons inquiétants : un être humain qui subit un gros problème de santé est-il « vraiment en vie » ? ...C'est-à-dire : est-il dans des conditions d'équilibre biologique ou psychique suffisantes pour être qualifié de « digne de vivre » ?

L'identification abusive des termes de « vie » et de « santé » sous-tend aujourd'hui les grandes questions bioéthiques de l'humanité, et le spectre eugénique qui se profile comme unique bonne réponse.

Un adulte « normal » est – à coup sûr – en vie... mais que penser d'un adulte fortement handicapé ? Est-il « autant » en vie, aux yeux de notre société ? La réponse est loin d'être unanime, et bascule lentement mais sûrement vers une majorité négative.

Un cancéreux en phase terminale est-il « autant en vie » qu'une personne en bonne santé ?

Un enfant conçu depuis deux semaines dans le sein de sa mère est-il « autant en vie » qu'un enfant de deux ans ? On parle de plus en plus dans nos sociétés de « droits de l'homme », « droits de la femme », « droits de l'enfant »... mais qui est reconnu comme « homme, femme ou enfant » c'est-à-dire comme « en vie »... certaines catégories seulement ?

La vie est un mystère, au-delà des maladies, faiblesses ou handicaps possibles... et pourtant, elle peut être blessée.

> Gaëtan est âgé de vingt-deux ans et l'on pourrait définir son caractère comme désespéré. Sa santé physique ne pose aucun problème et psychologiquement, on pourrait parler de dépression majeure. Mais la dépression est un 'mot fourre-tout', qui ne cadre pas avec ce que Gaëtan porte de souffrance en lui. Mais quel évènement l'a donc mis dans cet état ? Il faut remonter à l'âge de huit ans pour le mieux comprendre.
> À cette époque, Gaëtan surveille quelques minutes sa petite sœur Marlène, elle-même âgée de quatre ans. Tout au moins, c'est ainsi qu'il perçoit la demande de ses parents, qui doivent s'absenter pour chercher quelque chose en un autre endroit de la maison. Lui-même regarde le livre qu'il tenait entre ses mains et ne voit pas Marlène grimper sur une chaise et se pencher par la fenêtre du deuxième étage. La chute est terrible et Marlène n'est plus...
> Pendant des années, Gaëtan entendra ses parents exprimer, souvent avec violence, leur douleur. Les reproches répétés sont autant de morsures intérieures le persuadant qu'il est coupable de la mort de sa petite sœur. Ses camarades d'école ne se privent pas de l'invectiver, et même de le traiter d'assassin. La scolarité se

transforme en une succession d'échecs et dès quatorze ans, Gaëtan commence à se droguer, jusqu'à avoir recours, à dix-sept ans, aux drogues dures, en intraveineuses.
À vingt ans, il est devenu une véritable 'loque humaine'.
C'est un rêve spécial, inattendu, où il se voit en train de creuser sa propre tombe dans une angoisse insurmontable, qui le décide à chercher un secours plus spirituel que psychologique. Il est d'ailleurs conscient que sa détresse est plus que psychique et qu'il ne peut s'en sortir en un clin d'œil. Un guide spirituel lui fait pressentir que sa difficulté est liée à ce que l'on nomme une 'blessure de la vie', doublée d'un désordre psychologique manifeste, mais non primordial.
Acceptant de vivre un accompagnement de vie, Gaëtan va apprendre à réaliser le profond mensonge identitaire dans lequel il est enfermé. Petit à petit, Dieu va comme le libérer du désespoir sur lui-même, le ressusciter de l'intérieur, lui restituer la conscience de celui qu'il est véritablement, avec ses multiples potentialités.
Aujourd'hui, Gaëtan est père de famille et professeur de mathématiques.
Signe de guérison ? Ne faudrait-il pas oser dire plutôt signe d'une véritable résurrection intérieure ? En tout cas c'est un signe de vie redonnée.

Un développement sur la notion de vie serait, à ce stade, nécessaire. Mais tel n'est pas le propos de ce livre[19], car les témoignages des signes de Dieu nous intéressent en priorité.

La vie est donc susceptible d'être blessée, et lorsque le Seigneur y accomplit son œuvre de guérison (ou de résurrection intérieure), le temps est pourtant nécessaire. Il s'agit en fait de vivre une redécouverte de soi-même dans un autre regard, et ce processus de la grâce se fait par étapes successives. Cette grâce agit classiquement à travers ce qu'on appelle un accompagnement de vie, lequel peut durer plusieurs semaines, mois ou même années, selon la profondeur du drame intérieur de la personne.

Cyrille est homosexuel. Il s'est toujours connu ainsi, porteur de ce trouble d'identité sexuée, dans lequel il tente de se trouver

---

19. Pour ceux et celles qui souhaiteraient approfondir la question, je propose la lecture de : « La blessure de la vie », même auteur, Éditions des Béatitudes, mars 2001, première partie.

'normal'. Son existence se passe de rencontre en rencontre avec d'autres hommes, avec lesquels il reste quelques semaines, voire davantage, mais jamais plus de six mois. Il est par ailleurs chef du personnel dans une entreprise et il s'habitue au discours ambiant moderne sur 'l'être différent'.

Mais en fait son cœur demeure troublé, car s'il se sent en vérité homosexuel, cette condition de vie ne le satisfait pas en lui-même. Tant qu'il fréquente ses amis ou connaissances et qu'il mène une existence 'classique', il arrive à se sentir normal quoique différent. Mais c'est lorsqu'il est en situation de solitude ou de réflexion profonde sur lui-même qu'il ressent un malaise grandissant. Il n'a pas la foi, même s'il est issu d'une famille chrétienne, et il sait bien que la morale de l'Église ne va pas dans son sens de choix de vie. Mais il s'en moque. Le malaise est plus intime et profond.

La fréquentation d'un ami hétérosexuel, lui-même chrétien, va favoriser la prise de conscience de ce malaise, et lui faire souhaiter une clarification sur lui-même : pourquoi cette impression de ne pouvoir se sentir libre intérieurement et de ne pouvoir donner ce qu'il aurait à donner ? Pourquoi éprouver une sorte de non-sens de son existence ? Pourquoi ce désespoir latent qui l'habite en profondeur ?

Cet ami lui propose un accompagnement de vie, par lequel on accepte de cheminer sous le regard d'un autre, et spécialement celui de Dieu, plutôt que de rester prisonnier d'un regard sur soi-même. Il accepte d'aller trouver une personne 'compétente' en la matière et il la rencontrera une fois par semaine. Il est tout d'abord bouleversé par la qualité d'écoute de cet accompagnateur, qui l'accueille tel qu'il est certes, mais semble vouloir percer avec lui le secret de sa véritable personnalité. La confiance grandit de semaine en semaine, surtout par cette qualité d'écoute. Cyrille a l'impression qu'à travers cet accompagnateur, c'est quelqu'un de plus important qui l'écoute, avec un immense respect, mais aussi une certaine lucidité.

Dieu agit manifestement par cette relation d'accompagnement de vie, quoique Cyrille ne se sente pas davantage 'converti' à la foi.

Une première étape, essentielle, est franchie le jour où il se rappelle un évènement capital de son enfance : son oncle a abusé de lui sexuellement alors qu'il avait neuf ans. Le souvenir s'était estompé, mais il revient, quelque peu douloureux, dès la deuxième semaine. L'accompagnateur lui demande de parler ouvertement de cela et Cyrille va ainsi épancher l'histoire de ce traumatisme, se rendant compte qu'il avait gardé tout en lui depuis lors. L'accompagnateur l'invitera avec beaucoup de

douceur à se décharger de cela dans la prière, et Cyrille accepte, sans savoir comment s'adresser à Dieu. Mais cela lui paraît simple à cause d'une confiance croissante vis-à-vis de celui qui l'écoute.
Puis il découvrira avec surprise que son désespoir est profond, emplissant bien plus qu'il ne le pensait tous les pans de son existence, et le maintenant dans un enfermement sur lui-même doublé d'une fatalité dramatique. Il prend conscience qu'il a choisi son état homosexuel comme s'il s'y était lui-même obligé du fait des circonstances. Cette agression sexuelle de la part de son oncle avait changé en négatif le regard qu'il posait sur lui-même, sur sa valeur, sur ses qualités bref, sur sa vie même.
Il se sent progressivement invité à poser un nouveau choix d'identité, correspondant davantage à ce qu'il découvre de vrai en lui. Ce choix de vie lui procure un certain vertige, mais avec l'aide de son accompagnateur, il réussit à le poser. Et c'est alors qu'un virage s'opère dans son existence : une sorte de réconciliation avec sa vie, ancrée dans un désir de prière qui commence à se déployer en lui tout simplement.
Tout se passe comme si, lentement, la mentalité et le comportement homosexuels s'estompaient au profit d'une identité nouvelle, qu'il reconnaît en fait comme étant la sienne véritable.
En six mois, Cyrille ne se sent plus homosexuel et n'en a plus aucun trait de comportement. La vie – et l'identité qui l'accompagne toujours – a pu 'trouver son chemin' en son histoire personnelle et se débarrasser progressivement de ce 'voile identitaire homosexuel' qui l'emprisonnait jusqu'alors.
Cyrille est 'né à nouveau', selon une identité qui est authentiquement sienne, et qui avait été blessée à l'âge de neuf ans du fait de ce viol subi. Il est aujourd'hui marié et père de deux enfants.

Toute homosexualité n'est évidemment pas liée à une blessure de la vie et le parcours de Cyrille n'est pas à proposer face à n'importe quel trouble de l'identité sexuée. Mais chez certains, la blessure de la vie peut entraîner l'adoption d'un comportement homosexuel. L'espérance d'une 'guérison', par la grâce de Dieu et à travers un accompagnement de vie, est alors possible.

Plusieurs objecteront que cet accompagnement spécifique n'est pas assimilable à un signe de guérison, parce qu'il fait intervenir une compétence manifeste. Mais il faut bien comprendre que l'accompagnement ne fait qu'ouvrir un chemin possible, où l'homme blessé peut avancer en mystérieuse compagnie, celle de son Dieu, dont la puissance va jusqu'à ressusciter les morts. La mort n'est pas qu'un phénomène physique ; elle peut toucher plus cruellement l'identité même de l'être humain, spécialement son identité sexuée, sa dignité d'homme ou de femme. Lorsque la guérison est accordée, par étapes, on peut parler de résurrection intérieure... Seule la grâce du Christ peut ressusciter, et donc faire renaître à son identité, car elle touche des domaines inaccessibles à la médecine ou la psychiatrie. Elle touche directement au regard que l'homme pose sur lui-même et sans lequel il n'est pas véritablement vivant.

Le discernement d'une blessure de la vie pose problème, spécialement pour les praticiens de la psychologie face à ce genre de traumatisme.

La difficulté se rencontre également lorsque l'on tente d'analyser soi-même sa propre situation pour en déduire une possible blessure de la vie. On a en effet tellement l'habitude d'aborder ce genre de souffrance sous l'angle des seuls troubles psychiques, affectifs ou sexuels, que l'on risque de 'passer à côté' d'une blessure de la vie. C'est pourquoi la dimension d'écoute de l'autre, tant au plan spirituel que psychologique, est primordiale pour tenter un tel diagnostic. Dans cet ouvrage, on se contentera d'énoncer les trois grands axes de discernement d'une blessure de la vie[20] :

– un intense désespoir sur soi-même, lequel n'émerge pas nécessairement à la conscience de manière habituelle, d'où l'importance de la relation d'écoute attentive pour le réaliser ;

– un isolement intérieur 'infernal', ou encore le sentiment profond que rien, et surtout personne ne peut aider à en sortir, même lorsqu'on désire s'en sortir... d'où la nécessité d'une relation de confiance et plus encore de foi en l'accompagnateur pour accepter que l'on a le 'droit d'en sortir' ;

– une 'fausse identité' construite progressivement, selon l'idée négative que l'on s'est forgée sur soi-même du fait d'une blessure de la vie initiale, ce qui revient à adopter des comportements personnels, comme s'ils étaient constitutifs de soi, alors qu'ils ne le sont nullement. On pourrait les nommer « comportements parasites pour soi-même ».

20. Pour plus de précisions diagnostiques, lire « La blessure de la vie », déjà cité, p. 131 à 179.

Ces trois critères, très liés entre eux, évoquent une probable blessure de la vie, à condition qu'ils soient 'détectés' tous les trois ensemble. La présence de l'un d'eux seulement ne signifie aucunement une possible blessure de la vie.

Geneviève, trente-deux ans, mariée, mère de deux enfants, heureuse dans la vie conjugale, a vécu une IVG à l'âge de vingt et un ans, alors qu'elle n'était pas encore mariée. Selon son expression, « tout s'est bien passé ». Elle ressort de la salle d'opération en bonne santé morale et physique et se dépêche d'oublier cet épisode malencontreux de sa vie. Elle rencontre un homme charmant et se marie avec lui rapidement, avec un grand désir d'avoir des enfants assez tôt.
Elle devient une bonne mère de famille, attentive aux siens, apparemment épanouie. Interrogée deux ans plus tard sur son IVG, elle répond que cela fut un acte anodin et sans conséquence pour elle qui, de plus, l'avait libérée d'une situation extrêmement délicate.
Dix ans plus tard, le discours n'est plus le même. Un évènement analogique fort pénible – le décès d'un neveu atteint de leucémie – réactive le souvenir de cet avortement, et ceci de manière violente et brutale. Le lien n'est pas direct entre les deux évènements mais pour elle, c'est un coup de poing intérieur et le jaillissement d'une angoisse incoercible.
C'est seulement à partir de là, et grâce à un accompagnement de vie, qu'elle découvre cette désespérance sur elle-même, commencée en fait très tôt après l'IVG, mais qu'elle s'était toujours voilée. En apparence, et dans son champ de conscience du moment, elle se sentait « bien »... et surtout soulagée. Puis le temps et le passage à une autre étape de son existence avaient favorisé l'oubli, jusqu'au jour où...
Le sentiment d'une faute suffisamment grave pour ne pouvoir être lavée l'accablait en permanence (second critère), sans rapport avec un aspect religieux de péché (vis-à-vis duquel elle restait insensible).
Dans la prise de conscience de cette souffrance profonde (blessure de la vie pour cause d'avortement), Geneviève réalisa qu'elle portait en elle une angoisse de fond doublée d'une agressivité de plus en plus forte à l'égard des personnes en détresse ou en état de maladie avancée. Quand elle en rencontrait une dans la rue, ou même qu'elle la voyait sur son téléviseur, une vague de violence intérieure la saisissait. Ce trait de comportement ne lui ressemblait pourtant pas, et évoquait bien plutôt une fausse

identité-parasite, troisième critère et conséquence des deux premiers...
Un accompagnement de vie – lequel n'a rien à voir avec un suivi psychothérapeutique – lui permit de trouver la paix et la réconciliation avec elle-même en quelques mois. Là encore, Geneviève est 'née à nouveau' en sa propre identité. Elle s'est laissée devenir elle-même, c'est-à-dire ressusciter intérieurement par Dieu, là où un choix de mort avait été posé, un jour, dans son existence passée.

Il faut ici remarquer que l'avortement volontaire (et non la fausse couche) ouvre toujours en la femme une blessure de la vie, même si celle-ci n'en prend parfois conscience que tardivement... Le syndrome post-abortif, tel que la médecine le nomme, n'est que 'la partie émergée' de l'iceberg que constitue la blessure de la vie liée à l'avortement. Ce constat n'a aucunement l'intention de 'diaboliser' l'acte d'avortement (quoiqu'il porte en soi une part de culpabilité indiscutable), mais se veut appelant à la vérité sur soi et à l'expérience de la miséricorde de Dieu, qui ne se refuse jamais à la femme se tournant vers son Dieu.

Pourquoi une blessure de la vie ?

Les causes d'une blessure de la vie sont très variées, mais tournent toujours autour de deux axes-clés, parfois très liés l'un à l'autre :

– d'une part un (ou plusieurs) traumatisme (s) de l'enfance au niveau de la relation au père ou à la mère, un traumatisme si fort que l'enfant s'est réellement senti en interdiction de vivre de la part de l'un de ses parents (ou substituts parentaux), sinon les deux...[21]

– et d'autre part un (ou plusieurs) traumatisme (s) intentionnels au niveau de l'intégrité du corps, dans sa dimension sexuée (viols, inceste, attouchements, avortement... sachant que seul ce traumatisme est cause systématique – chez la mère – d'une blessure de la vie, et non les autres traumatismes mentionnés).

21. L'enfance s'entend ici à partir de la conception.

Sylvie, vingt-quatre ans, étudiante en médecine, ne se sent pas bien dans son corps depuis l'adolescence, sans qu'elle puisse déterminer exactement pourquoi. Elle entend souvent parler de la nécessité – en vogue actuellement – de se réconcilier avec son corps, mais elle ne voit pas comment. Quelques conseils demandés à des amis psychologues ne la satisfont pas. Le sentiment de ne pas être comprise dans son attente reste prédominant.

Progressivement, sur plusieurs années, un état dépressif s'installe et s'amplifie, jusqu'à justifier un traitement antidépresseur permanent. L'idée du suicide lui devient cependant familière et c'est volontiers qu'elle s'y réfugie assez fréquemment. Une tendance anorexique se manifeste dès l'âge de vingt ans, et se manifeste sévèrement trois années plus tard, jusqu'à justifier une hospitalisation.

Un psychiatre de l'hôpital tente de l'aider, mais se heurte à un mur : l'état de Sylvie se dégrade de plus en plus au niveau tant psychologique que physique. Elle en est à sa troisième tentative de suicide et n'est pas prête à s'arrêter là. Il semble qu'il n'y ait rien à faire, sauf subir avec fatalité cette déchéance progressive au sombre pronostic.

Fort préoccupés par la santé de leur fille, les parents de Sylvie, membres d'un groupe de prière charismatique, lui suggèrent de participer à une assemblée de prière pour les malades organisée par le Renouveau Charismatique de leur ville. Sylvie accepte sans grande conviction.

Au cœur de la célébration, une parole de connaissance immédiate la touche en profondeur : « Le Seigneur visite en cet instant une jeune femme de vingt-quatre ans gravement dépressive du fait d'un évènement traumatisant subi à un âge de sept ans. » Sylvie se sent très concernée par cette parole, quoique ne comprenant pas de quel évènement il pourrait s'agir. Une grande paix l'envahit dans les minutes qui suivent et toute symptomatologie psychique grave disparaît instantanément, même s'il lui faudra quelques semaines pour le confirmer : l'anorexie ainsi que les idées dépressives et suicidaires ont cessé. Sylvie se sent guérie, et libre intérieurement.

Toutefois persiste ce malaise vis-à-vis d'elle-même, qui l'inquiète et l'incite à chercher ce qui ne va pas en profondeur. D'abord, si cette parole de connaissance immédiate s'avère exacte, quel évènement l'a traumatisée quand elle avait sept ans ?

C'est dans ce contexte, après un signe de guérison psychologique notoire, que je lui propose un accompagnement de vie, qu'elle

accepte bien volontiers, dans l'espérance secrète de pouvoir également « mettre davantage Dieu dans sa vie »...
Très tôt, Sylvie prend conscience de la vérité, qu'elle s'était voilée depuis si longtemps : vers sept ans, alors qu'elle allait à l'école primaire, un instituteur l'emmenait fréquemment dans son bureau pour « jouer avec elle », c'est-à-dire pour lui faire subir des attouchements sexuels, et même davantage... La blessure de la vie était bien là, exprimée par divers symptômes psychiques que le Seigneur venait de guérir.
L'accompagnement de vie favorisa la résurrection intérieure de Sylvie en quelques mois, résurrection manifestée non seulement par la restitution à sa propre identité, mais aussi par la découverte de la vocation personnelle, laquelle découverte constitua pour Sylvie un puissant levier de relèvement personnel et identitaire. Elle est aujourd'hui responsable d'un projet humanitaire important, dans la réalisation duquel elle se sent heureuse... et guérie bien plus qu'au seul plan de ses anciens symptômes...

Mais en quoi, finalement, la grâce de vie – telle qu'on vient de l'évoquer – est-elle différente de la grâce de guérison ?

Certes il s'agit toujours d'une expérience de la grâce de Dieu, du fait de son Amour paternel pour chacun de ses enfants que nous sommes. Mais si j'ose prendre le terme de résurrection (intérieure) au lieu de guérison, c'est tout simplement parce qu'il convient de noter un fait spirituel incontestable : face à une blessure de la vie, le Seigneur n'intervient pas seulement – peut-être pas d'abord – en accordant une guérison. Il ressuscite la personne elle-même en redonnant sens à sa vie, au pourquoi réel de son existence. Certes, la réponse à ce 'pourquoi' se révèle toujours thérapeutique. Mais ce n'est pas son but premier. Dieu visite une blessure de la vie en fortifiant la personne, sans nécessairement lui redonner une bonne santé, mais en lui montrant quelque chose de l'ordre de son identité propre : le sens de son existence, la lumière sur son identité sexuée (la dignité de son être d'homme ou de femme), avec le bonheur intime qui en découle, ou encore la vocation (c'est-à-dire de quelles potentialités la personne est déjà porteuse pour rendre sa vie féconde).

Là se situe tout spécialement le 'relèvement' d'une blessure de la vie : la découverte de sa propre fécondité, quel que soit le domaine de celle-ci.

Le témoignage de Sylvie est remarquable à ce sujet : elle a pu commencer de déployer sa fécondité dans l'accomplissement d'un projet audacieux, de type humanitaire, et qui porte déjà des fruits magnifiques. Il est vrai que la vie humaine comporte en elle-même une puissance de don de soi et de générosité qui ne demande qu'à s'exprimer.

En ce qui concerne l'histoire de Geneviève, j'ai volontairement omis de préciser qu'elle trouvait 'sa voie' dans l'expression d'une maternité élargie à l'aide de personnes en détresse vers lesquelles, avec le soutien de son mari, elle s'est laissée envoyer, et y déploie une grande fécondité dans l'ordre de la compassion.

Quant à Cyrille, marié et père de deux enfants, il est certes devenu un excellent père de famille, mais se préoccupe également de venir en aide à de nombreux couples en difficulté, auprès desquels il exerce un impact réconciliateur remarquable.

Et que dire de Gaëtan qui, avec son épouse, est devenu responsable d'un groupe d'adoration où affluent toutes sortes de personnes en difficultés à cause de la grâce de paix et de vie qui émane de la prière de ce groupe ?

Face à une blessure de la vie, ne faut-il pas moins qu'une grâce spirituelle de résurrection pour témoigner qu'effectivement le Christ est le chemin, la résurrection et la vie ?

15

Guérison : du nouveau à l'aube du troisième millénaire ?

Quand l'Esprit Saint accorde des guérisons, il est d'abord question de signes de la tendresse de Dieu et de sa miséricorde !

Le signe implique toujours une orientation, voire un message de la part du Seigneur.

Quel est le message de la guérison aujourd'hui ? Est-il fondamentalement différent de celui de l'an 33, ou de l'an 1000 de notre ère ? Certes non. Il comporte toutefois des accents particuliers liés à ce début de troisième millénaire en lequel nous sommes entrés récemment et qui nous ouvre des horizons extraordinaires.

Ce sont ces quelques accents qui concluront cet ouvrage et nous provoqueront – je l'espère – à croire plus que jamais en la puissance de guérison du Christ ressuscité.

Pour le témoignage

Les signes de guérison sont ordonnés au témoignage. Autrement dit, le bénéficiaire d'une guérison opérée par le Seigneur n'est pas propriétaire de cette grâce. Il est invité à s'en constituer le témoin. Témoigner ne signifie pas nécessairement se produire en public pour raconter la grâce reçue. Le témoignage public (en grande assemblée) est certes précieux, mais peu souvent possible. Mais le témoignage auprès des proches ou livré opportunément lors de rencontres, et dans un but de consolation ou de fortification dans la foi, est porteur d'une puissance mystérieusement liée à la grâce de guérison reçue.

Notre monde a plus que jamais besoin d'authentiques témoins, non pas de la guérison en tant que telle, mais de Celui qui aime, et qui guérit : le Christ Vivant, qui se fait 'rencontrable' et donc accessible à qui tend la main ou lui ouvre son cœur.

Nous sommes envahis de témoins si peu fiables, même si certains savent attirer l'attention en jouant sur la sensibilité et la souffrance de leurs contemporains...

Pourquoi parler de manque de fiabilité ? La plupart des témoins d'aujourd'hui ne témoignent que d'eux-mêmes, comme si l'expérience dont ils témoignent était 'normative'. Or le chrétien n'est pas appelé à témoigner de lui-même, mais de Celui qu'il a rencontré et qui l'envoie dans le monde pour y être source de lumière. Une personne guérie par le Seigneur est un authentique témoin potentiel de la puissance d'amour du Christ, à travers la guérison reçue. Témoigner, au sens chrétien, c'est déjà évangéliser, diffuser autour de soi une vérité, parfois très simple, susceptible d'attirer les cœurs vers le Dieu de Vérité.

La grâce de guérison – parmi d'autres grâces de l'Esprit Saint – est au service du témoignage car elle a une portée évangélisatrice. Elle peut toucher les corps et les cœurs par une sorte de prolongement d'elle-même rendu possible par le témoignage.

Face aux multiples mirages de guérison un peu partout médiatisés et jetant la confusion en bien des esprits, le témoignage d'une authentique guérison par l'amour du Christ rappelle au monde alentour que notre Dieu est vivant, présent et agissant en toute existence humaine qui ose se tourner vers Lui.

Il arrive même que le Seigneur permette des modalités particulières de guérison afin (entre autres) de favoriser l'impact du témoignage.

> L'un des plus beaux signes de guérison opéré par le Christ à travers le ministère du P. Regimbal (déjà cité) est celui de Paul. Âgé de soixante-trois ans, ce dernier, grand fumeur, attrape depuis quelques mois bronchite sur bronchite et tousse en permanence, rendant inquiète son épouse Jacynthe, laquelle l'incite à aller consulter. Un diagnostic de « bronchopathie chronique » est livré par les médecins, lesquels prescrivent cependant une radio pul-

monaire de contrôle. Le résultat est redoutable : une tumeur de huit centimètres de diamètre siège en plein milieu du poumon droit. C'est un cancer déjà avancé !
La détresse est grande au sein de la famille et Jacynthe, membre d'un groupe de prière charismatique catholique, va voir le P. Regimbal pour le supplier de prier pour son mari, ce que ce dernier promet de faire chaque jour…
La décision d'une lourde intervention chirurgicale est prise : on doit prochainement enlever une bonne partie du poumon, sans certitude que le cancer soit entièrement extirpé. À vrai dire, le pronostic est très sombre malgré tout, mais les médecins n'osent le confier à Paul.
Il est hospitalisé en vue de l'opération, et Jacynthe est dans l'angoisse. Elle retourne voir le P. Regimbal pour lui demander de venir prier pour son mari à l'hôpital avant l'intervention. Ce dernier accepte, assurant que, pendant la prière, tout le groupe s'unira à l'intercession. La veille de l'opération, le P. Regimbal rend donc visite à Paul dans sa chambre d'hôpital et prie sur lui, en lui imposant les mains avec ferveur. Dans son cœur, une conviction surgit : la guérison physique est donnée, même s'il n'y a sur l'instant aucun moyen de vérification.
Le lendemain matin, Paul se sent un peu mieux, et communique ce sentiment au chirurgien, avant d'être admis au bloc opératoire. Perplexe, ce dernier demande un cliché de contrôle, et constate alors, avec toute son équipe, que sur la radio, la tumeur a diminué de volume. Elle fait environ cinq centimètres de diamètre. Dubitatif, ce même chirurgien redemande une autre radio pulmonaire une demi-heure plus tard : la tumeur a encore diminué ! elle fait environ trois centimètres… En fin de matinée, devant une équipe médicale médusée, elle n'existe plus sur la radio !
Paul balbutie quelques mots de témoignage quant à la prière de la veille ; mais les clichés sont encore plus éloquents que ses propos : toute l'équipe se convertira au Christ, ainsi que d'autres soignants informés de la nouvelle.
… Illustration par A + B de la puissance du témoignage…

Pour la Nouvelle Évangélisation

Il apparaît donc que les signes de guérison sont liés à l'activité d'évangélisation de l'Église. En ce sens, ils n'ont jamais manqué à la vie de l'Église, bien que certaines périodes de l'Histoire en aient fait un sujet de controverse regrettable.

Mais aujourd'hui, à l'aube du troisième millénaire, l'élan de l'évangélisation est plus dynamique que jamais et l'Église nous invite à y participer – spécialement les jeunes – avec toutes nos potentialités, mais aussi avec toute notre faiblesse. C'est la nouvelle évangélisation, celle prônée autant que prophétisée par Jean-Paul II. Cette nouvelle évangélisation appelle à une inventivité plus ample, plus déployée, et les signes de guérison peuvent constituer de puissants soutiens à cette dimension évangélisatrice renouvelée, tout particulièrement face à une humanité plus malade, plus meurtrie, plus souffrante que jamais, et ceci malgré les indéniables progrès de la science.

Se disposer à la nouvelle évangélisation peut inclure une demande d'effusion de l'Esprit Saint avec la multiplication de ses nombreux charismes, et pourquoi pas ceux de guérison ?

> En janvier 2000, je me trouvais à la paroisse Saint-Louis, à l'Île de la Réunion, pour animer une célébration pour les malades. La grande église du lieu pouvait contenir cinq mille personnes et elle était remplie de monde, dont quelques centaines qui étaient restées dehors du fait d'un si grand nombre. L'assemblée était si 'comprimée' que l'oxygène semblait manquer, ce qui n'a pas empêché la foule de rester 'sagement' dans l'église pendant trois heures et demie.
>
> Beaucoup de personnes étaient là, curieuses, venues plus au spectacle qu'à une célébration, souvent perdues sur des chemins de religiosité douteuse. Nous demandions au Seigneur un signe de guérison particulièrement éloquent pour 'faire bouger' les cœurs, et convertir ceux qui, dans cette assemblée, étaient loin de Dieu.
>
> Josiane était là : quarante-deux ans, entièrement figée dans tout son corps par une spondylarthrite ankylosante qui la rigidifiait et la paralysait depuis une dizaine d'années. Elle ressemblait étrangement à la femme voûtée des Évangiles...
>
> Pendant la prière de guérison, tous purent la voir se redresser lentement de son fauteuil roulant, se mettre debout, et commencer à marcher. Beaucoup la connaissaient, et avaient remarqué son handicap depuis longtemps. En la voyant s'avancer normalement dans l'allée centrale jusqu'à l'autel, ce fut le bouleversement général. Le signe de guérison attendu se produisait, avec sa puissance d'évangélisation manifeste.

> Lorsque j'invitai ceux qui avaient des gris-gris, des amulettes, des objets liés à des pratiques magiques, et même des doses de marijuana sur eux, à les donner au Seigneur en signe de conversion au Christ ressuscité, ce furent quelques centaines de personnes qui s'acheminèrent vers l'autel pour renoncer à divers 'liens spirituels' malsains et témoigner de leur volonté de changer de vie pour Dieu !
> Le témoignage de Josiane les avait bouleversés, au point qu'ils décidaient de changer leur vie et de la « remettre en état » ...
> Les plus sceptiques rétorqueront que, sans doute, quelques mois plus tard, la plupart étaient retournés à ces égarements. Ce ne sont pas les échos qui m'en sont parvenus depuis. D'ailleurs, quand bien même n'y aurait-il eu qu'une seule personne vraiment convertie par le témoignage de Josiane, cela eût été le vrai signe de la victoire du Christ sur le monde.

Aujourd'hui plus que jamais, face à une détresse de plus en plus généralisée, spécialement chez les jeunes, le signe de guérison parle au cœur, les incitant à redonner sens à leur existence en se tournant généreusement vers le Christ ressuscité.

Pour espérer contre toute espérance

La guérison dans la puissance de l'Esprit Saint est signe d'une vérité terriblement actuelle : on a raison d'espérer en Dieu !

À l'aube du troisième millénaire, les plus grandes souffrances ne sont peut-être pas celles du corps, ni même celles du psychisme. Elles se situent au niveau de l'esprit de l'homme. Sous cet angle, les nouvelles générations souffrent bien davantage que les précédentes. On parle de plus en plus des maladies « noogènes », c'est-à-dire celles qui s'originent dans l'esprit humain, quoique pouvant revêtir des formes psychologiques, psychiatriques ou même organiques[22].

Une déferlante de désespoir couvre notre humanité, tout au moins quant aux pays les plus 'riches', une humanité qui ne semble pas en avoir bien conscience. Pourtant les taux de suicide chez les jeunes sont

22. La maladie noogène, ancrée dans l'esprit humain, s'alimente d'une carence majeure de sens de l'existence ou d'un narcissisme abusif, devenu intolérable pour la nature humaine.

les plus élevés dans les contrées les plus riches et 'protégées' (notamment au Canada), et les sociétés les plus modernes et les plus 'libérées' consomment des quantités astronomiques de médicaments antidépresseurs ou anxiolytiques (la France en tête).

La blessure de la vie, telle qu'évoquée en cet ouvrage, devient de plus en plus le lieu des grandes guérisons, ou plutôt des grandes résurrections (au sens précisé plus haut), sans nier l'importance des guérisons physiques ou psychologiques si nécessaires.

Voilée par une insidieuse culture de mort, notre conscience collective se compromet avec le désespoir et donc, quelque part, avec la mort.

La dynamique de guérison par la puissance divine, par son témoignage comme par son action en la vie de l'homme, nous fournit gratuitement à la fois la raison et la force d'espérer contre toute espérance. Elle est agissante aujourd'hui comme hier, aujourd'hui plus qu'hier, face à une désespérance latente générant tant et tant de maux sur notre terre.

Contemplant le douloureux spectacle de tous ceux qui souffrent, l'Église s'adresse à son Seigneur, comme les sœurs de Lazare – Marthe et Marie de Béthanie – interpellent Jésus dans l'Évangile. Elles le prient dans l'espérance : *« Seigneur, celui que tu aimes est malade ! »* (cf. Jn 11, 3). Les signes de guérison, que l'on a raison d'attendre, sont accordés pour que l'on sache que Dieu écoute, console, compatit et sauve de la mort.

Ils contribuent à affermir les hommes de notre temps à cette exhortation conclusive de Jean-Paul II dans sa lettre apostolique « Novo Millennio Ineunte[23] » : « Duc in altum ! Allons de l'avant dans l'espérance ! Un nouveau millénaire s'ouvre devant l'Église comme un vaste océan dans lequel s'aventurer, comptant sur le soutien du Christ. Le Fils de Dieu, qui s'est incarné il y a deux mille ans par amour pour les hommes, accomplit son œuvre encore aujourd'hui : nous devons avoir un regard pénétrant pour la voir, et surtout nous devons en avoir le cœur large pour en devenir nous-mêmes les artisans. »

---

23. Lettre Apostolique du 20 janvier 2001, du Pape Jean-Paul II au terme du grand Jubilé de l'an 2000.

Table des matières

Impression réalisée sur CAMERON par

BUSSIÈRE CAMEDAN IMPRIMERIES

GROUPE CPI

à Saint-Amand-Montrond (Cher)
en mai 2002

Numéro d'impression : 022431/1.
Dépôt légal : mai 2002.

Imprimé en France